JN069028

発掘写真で訪ねる

# 都電が走った東京アルバム

## 【第4巻】
## （15系統〜18系統）

### 三好好三

**駅前通り（現・グリーン大通り）の整備が終り、サンシャイン計画が浮上しはじめた頃の池袋駅前都電の風景**
池袋駅前の都電ターミナルの模様。安全地帯は整備され、乗降がさらにしやすくなっていた。新型車だった7000形の1次車は前面が2枚窓から3枚窓に改造され、運転しやすくなっている。駅前の商店街はビル化が進み、現在に近い繁栄と美観を備えてきている。この景観を見納めに池袋駅前の都電は1969（昭和44）年10月26日に廃止となった。同年、駅から程近かった東京拘置所が葛飾区小菅に移転となり、後のサンシャインシティの原案が登場した。何通りかの案のうち、駅前通り（現・グリーン大通り）にも地下街建設というのもあったが、それは消えて現在は東京メトロ副都心線が走っている。左手奥のサンシャイン60、サンシャインシティは1979年に華々しく開園している。
◎池袋駅前　1969（昭和44）年3月27日　撮影：荻原二郎

# .....Contents

池袋駅前の都電乗車ホームで出発を待つ⑰系統数寄屋橋行きの3000形3004（右）と、日出町操車所行きの3006（左）
池袋駅東口駅前がひとまず美しく整った時期の１枚である。背景の西武百貨店本店も垂れ幕や電光板の類がまだ少なくてすっきりしている。都電の停留場は降車ホーム（写真の手前背後）と乗車ホームが分れていて利用しやすく、朝夕は通学の高校生で混雑した。左に1956（昭和31）年に全通した都営トロリーバス102系統（池袋駅前〜品川駅前）の後ろ姿が見える。横浜、京都、大阪のトロバスは独自設計の車両を用意したが、都営は富士重工のバス車体と同一デザインだったので、路線バスのように見えて存在感は薄かった。1968（昭和43）年３月にトロバスは全廃された。◎池袋駅前　1965（昭和40）年11月７日　撮影：諸河 久

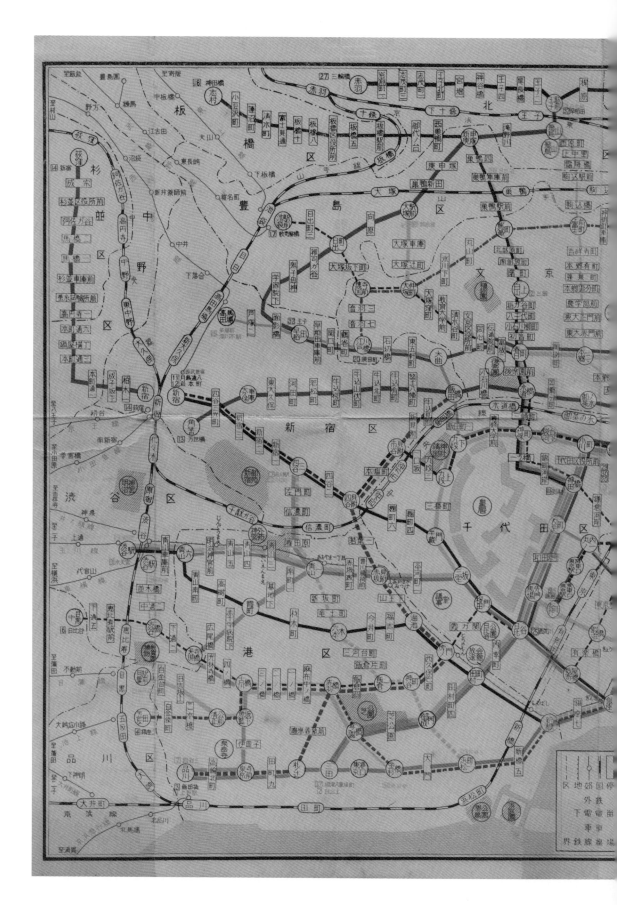

4

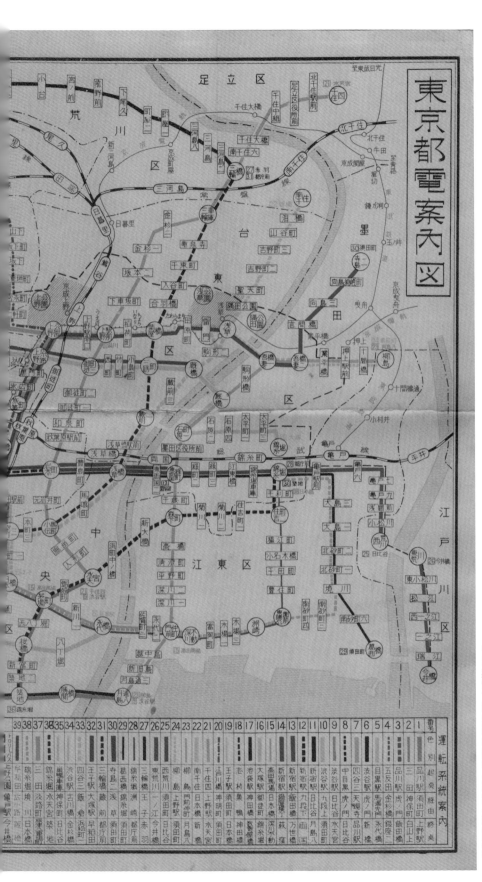

東京都電案内図

1952（昭和27）年12月に発行された東京都電案合図で、裏は東京郊外電車全線案内図となっている。この当時の都電は1系統から39系統までの路線が存在し、上野公園から今井橋までのトロリーバス路線もあった。このうち山手線の北西側の駅を起点とする路線には、高田馬場と深川不動尊前を結ぶ15系統、大塚駅前と錦糸堀を結ぶ16系統、池袋駅前と数寄屋橋を結ぶ17系統、志村と神田橋を結ぶ18系統が存在した。
（所蔵・文：生田誠）

## 都電が走った街の今昔 （現在の写真撮影：斎藤智子）

撮影：井口悦男

高田馬場駅前　1968年（P18〜19参照）

現在

撮影：日暮昭彦

高田馬場駅前　1966年（P20〜21参照）

現在

撮影：井口悦男

早稲田車庫　1968年（P33参照）

現在

撮影：井口悦男

面影橋　1967年（P26〜27参照）

現在

江戸川橋　1968年（P32-33参照）　撮影：小川峯生　現在

大曲　1968年（P38参照）　撮影：日暮昭彦　現在

飯田橋交差点　1968年（P38〜39参照）　撮影：小川峯生　現在

飯田橋駅前　1956年（P41参照）　撮影：小川峯生　現在

専修大学前　1954年（P42〜43上参照）　現在

撮影：日暮昭彦

神保町　1968年（P42〜43下参照）　現在

撮影：小川峯生

小川町　1968年（P44〜45参照）　現在

撮影：小川峯生

神田橋　1960年（P47参照）　現在

日本橋　1959年（P51参照）　撮影：井口悦男　現在

茅場町　1962年（P56参照）　撮影：荻原三郎　現在

大塚駅前　1970年（P60〜61参照）　撮影：井口悦男　現在

大塚車庫付近　1971年（P60参照）　撮影：小川峯生　現在

**大塚車庫** 1970年 撮影：井口悦男

現在

**茗荷谷付近** 1971年（P67参照） 撮影：小川峯生

現在

**文京区役所** 1970年（P69参照） 撮影：荻原二郎

現在

**本郷三丁目** 1970年（P71参照） 撮影：荻原二郎

現在

撮影：田尻弘行

本郷三丁目　1971年 (P72-73参照)

現在

撮影：荻原三郎

上野広小路　1970年 (P74 〜 75参照)

現在

撮影：荻原三郎

東上野一丁目　1970年 (P76 〜 77参照)

現在

撮影：荻原三郎

厩橋付近　1968年 (P80参照)

現在

錦糸町　1969年（P84〜85参照）　　撮影：日暮昭彦

現在

池袋駅東口　1967年（P95参照）　　撮影：日暮昭彦

現在

池袋駅東口　1967年　　撮影：高井薫平

現在

東池袋駅付近　1965年（P99参照）　　撮影：日暮昭彦

現在

撮影：荻原三郎

 大塚三丁目　1969年（P100〜101参照）　　現在

撮影：井口悦男

春日　1967年（P102〜103参照）　　現在

撮影：荻原三郎

水道橋　1968年（P106〜107参照）　　現在

撮影：田部井康修

後楽園遊園地　1956年（P109参照）　　現在

撮影：江本廣一

神田橋　1962年（P111参照）　　現在

撮影：小川峯生

東京駅八重洲口　1967年　　現在

撮影：荻原三郎

東京駅八重洲口　1963年（P112〜113参照）　　現在

撮影：小川峯生

東京駅八重洲口　1960年（P112〜113参照）　　現在

| 数寄屋橋 | 1962年（P117参照） |
|---|---|

撮影：小川峯生

現在

| 板橋駅前 | 1960年（P130参照） |
|---|---|

撮影：日暮昭彦

現在

| 巣鴨車庫 | 1966年（P136〜137参照） |
|---|---|

撮影：日暮昭彦

現在

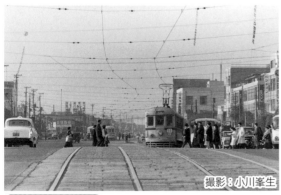

| 巣鴨駅前 | 1961年（P138〜139参照） |
|---|---|

撮影：小川峯生

現在

# まえがき

　戦後の都電が復興を終え、黄金時代を迎えたのは1950年代の半ばから60年代の初めのことでした。年号でいえば昭和20年代後半から昭和30年代半ばにかけてのことです。高度経済成長は始まっていましたが、まだ緩やかなもので、日常の生活にその恩恵を受けるようなことはありませんでした。庶民の足としての都電には利用者があふれ、年度ごとに新製車両が登場していましたが、これは都電に限らぬ話です。高速の鉄道線も、他の大都市の路面電車も同様で、それぞれに栄華を誇っていました。

　風向きが変ってきたのが1960年代の終り頃から70年代に入った頃からです。まずマイカーを含めた自動車が急激に増えて道路にあふれ、都電をはじめ、各地の路面電車は軒並み満足に走れなくなって乗客離れが始まりました。国鉄や大手私鉄、一部の地下鉄沿線ではそちらに乗客が流れ、通勤通学輸送に支障は出ませんでしたが、そのような代替路線とは無縁の旧市街地、郊外地では都電、市電、軌道線、そして路線バスなど、軽量輸送の交通機関に頼るほかはありませんでした。

　本巻ではたまたま後者に属する都電の4本の系統を取上げることになり、沢山の写真を撮ってこられた諸氏の作品を基に、黄金期から廃止論が渦巻く時期までの情景や雰囲気をまとめることが出来ました。系統別に写真を並べたのと、自動車と重ならないように苦心して撮影された美しい写真の集積となったことで、当時の時代相の完全な復元ではありませんが、一時期の東京の生きた姿をご覧になることは可能と存じます。

　本巻も写真各葉の内容を味わいつつ、いろいろと思いを深めて頂けましたら幸甚です。

2021（令和3）年6月　三好好三

# 15系統（高田馬場駅前〜茅場町）

【担当：早稲田（営）　営業キロ数：高田馬場駅前〜茅場町間9.4km　廃止：1968（昭和43）年9月29日】

山手線の各駅の内、高田馬場駅前に初めて都電が姿を見せたのは1949（昭和24）年12月1日のことで、山手線駅前の新線開通としては最も遅かった。神楽坂方面から早稲田通りを経由しての乗入れ計画（現・地下鉄東西線と同じコース）は関東大震災直後からあったのだが、第2次大戦後に江戸川線の早稲田＋面影橋経由のルートで実現した。

⑮系統として早稲田、飯田橋、神保町、神田橋、大手町、日本橋、茅場町を結び、混雑時には江東区の門前仲町経由で洲崎まで延長されたので、下町側からも利用しやすい系統だった。沿線に大きな盛り場は無かったが、学校と企業が多く、通勤通学客、ビジネス客によく利用された。専用の小型車800形40両が含まれていたのも人気があった。

**停留場** 1962（昭和37）年当時

高田馬場駅前／戸塚二丁目／面影橋／早稲田／早稲田車庫前／関口町／鶴巻町／江戸川橋／石切橋／東五軒町／大曲／飯田橋／飯田橋一丁目／九段下／専修大学前／神保町／駿河台下／小川町／美土代町／神田橋／大手町／丸ノ内一丁目／呉服橋／日本橋／茅場町

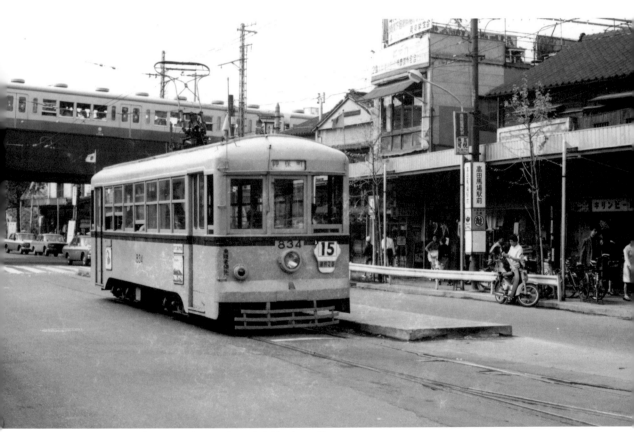

**高田馬場駅前で発車を待つ⑮系統専用車、戦後生れ1期生だった800形**

山手線の高田馬場駅前まで⑮系統の都電が建設されたのは戦後の1949（昭和24）年12月のことで、かなり遅くなってからの開業だった。早稲田車庫の担当で、当初は木造3000形と戦中に改造で登場していた木造2000形が主役を務めていたが、終戦直後の1947（昭和22）年に中型車の6000形と共に登場した小型車の800形40両が早稲田庫に集約され、「15系統の顔」として1968（昭和43）年まで活躍を続けた。新線は高田馬場駅前と1つ目の戸塚二丁目（現・馬場口）間は早稲田通りに敷設し、戸塚二丁目〜旧王子電気軌道線との分岐点までは1区間のみ明治通りに電車を通して開業した。関東大震災後の都市計画では駅前への乗入れも計画路線に含まれていたが、王子電気軌道早稲田線（大塚駅前〜早稲田）に行く手を阻まれていた形で延伸は実現せず、戦中の王電併合により早稲田から旧王電の線路を一部共用のうえ高田馬場駅前まで達することが出来た。画面のガード上は西武新宿線で、当時最新型の701系が通過中。◎高田馬場駅前　1966（昭和41）年4月29日　撮影：荻原二郎

**高田馬場駅前に顔を見せた⑮系統の新鋭2500形**

早稲田車庫担当の⑮系統には800形40両を筆頭に少数の3000形、7000形、8000形が稼働していたが、1963（昭和38）年に廃止となった杉並線から転入した2000形と2500形が老化の進んだ800形の代替として新風を吹込んだ。特に2500形7両は、早稲田車庫から杉並車庫に転じた木造2000形を1958～59（昭和33～34）年に鋼体化改造した車両だったので、綺麗になって古巣に戻ってきた次第。車体は当時のバスと同じモノコック方式による簡易構造になっており、呉市電、伊予鉄道市内線などの新造車に影響を与えた。◎高田馬場駅前　1968（昭和43）年8月11日　撮影：荻原二郎

高田馬場駅前から茅場町に向けて
発車寸前の⑮系統3000形
画面奥のガードは手前から西武鉄道新
宿線（複線）、山手貨物線（複線）、山手
線（複線）と線路が多く、西武と国鉄の
間には空きもあるので、かなり長いト
ンネル状となる。都電は当初ガード下
まで線路が延びていたが、交通事情に
より少しバックしてこの位置に落着い
た。早稲田通りもやや拡張されていた
が渋滞しがちで、ガードの向う側での
早稲田通りは2車線の狭い道だった。
並走の都バスは当時の「学バス52系統」
（高田馬場駅前〜戸塚二丁目〜馬場下
〜早大正門間。現在の「学02系統」）の
回送車。
◎高田馬場駅前
1968（昭和43）年8月
撮影：井口悦男

高田馬場駅前から早稲田方向を望む①
茅場町からの⑮系統3000形（早稲田行き）が到着したところ。右側を進む関東バスの日産ボンネット車（車体は富士重工）は、
都バス・関東バス・西武バス共運の東京駅降車口（現・丸ノ内北口）〜石神井公園駅前間の系統。ボンネット型としては最末期
の姿である。後方の都バスは「学バス52系統」（高田馬場駅前〜早大正門。現在の「学02系統」）の便。頻発運転で運賃も安かっ
たので一般客の利用も多く、早大の入学試験時には増便・フル回転のシャトル便となった（現在の運賃：180円（IC178円）、小
児90（89円）。◎高田馬場駅前　1967（昭和42）年12月3日　撮影：井口悦男

**高田馬場駅前から早稲田方向を望む②**
電車やバスの乗客も歩行者も早稲田大学の学生が多く、商店街も物価は安かった。画面は3000形の茅場町行きが発車したところだが、本数が多かったのでほとんど待たずに乗れた。駅と早大正門を結ぶ学バスも学割運賃のうえ本数が多かった。沿道の商店は学生向きの品揃えで、横丁に入ると食堂や雀荘があった。右側の歩道を少し進むと早稲田松竹映画劇場があり、旧作のラインナップの良さと低料金で学生に人気があった。◎高田馬場駅前　1966（昭和41）年8月7日　撮影：日暮昭彦

21

戸塚二丁目〜面影橋分岐点間の明治通りを早稲田方向に進む⑮系統の800形

1949（昭和24）年の⑮系統高田馬場延長時から、戸塚二丁目（現・馬場口）〜面影橋分岐点間は明治通りを1区間だけ走行することになった。高田馬場駅前への乗入れは、関東大震災後の原案では現在の地下鉄東西線と同一のコースとなっていた。早稲田通りの高田馬場駅前〜戸塚二丁目（現・馬場口）〜馬場下〜早稲田（現・地下鉄東西線早稲田駅前）〜牛込弁天町〜矢来下（やらいした。現・天神町）と敷設して、当時の⑳系統（矢来下〜江戸川橋〜須田町〜新橋駅前）に乗入れて江戸川橋経由で目白通りを進み、飯田橋方面と結ぶ計画だったようだ。早稲田通りには市電敷設用の境界縁石まで埋め込まれていたが、弁天町〜矢来下間が家屋密集地で、道路拡張未施工のうちに戦時体制となり、矢来下と結べないまま未成線となっていた（⑳の江戸川橋〜矢来下間も戦争末期に廃止）。現在は東京メトロ東西線が高田馬場〜早稲田〜神楽坂〜飯田橋…と一気に結んでいる。
◎戸塚二丁目〜面影橋分岐点間　1964（昭和39）年6月28日　撮影：小川峯生

明治通りから面影橋分岐点～面影橋～早稲田間の専用軌道区間に入る⑮系統茅場町行きの3000形
⑮系統の電車はここから旧王電が建設した早稲田までの専用軌道区間に乗入れて進む。当時は並行する道路が皆無だった。
◎面影橋分岐点　1964（昭和39）年6月28日　撮影：小川峯生

**明治通りから旧王電の専用軌道区間（現・荒川線）に入り、早稲田方向に進む⑮系統の7000形**
⑮系統は1区間だけ明治通りを走り、面影橋分岐点から旧王子電気軌道が敷設した早稲田までの専用軌道区間を走る。この区間では⑮系統（高田馬場駅前～茅場町）と㉜系統（荒川車庫前～早稲田）が線路を共用していた。左方向が高田馬場方面、右方向が雑司ヶ谷、王子駅前、荒川車庫方面。右奥に㉜の170形がちらっと見える。現在、この付近は荒川線が残存しているが、早稲田までの専用軌道は新目白通りの新設と拡張で線路は道路中央に移設され、センターリザベーション区間となり、沿線の庶民の街は背の高いマンションが林立する街に変貌している。
◎面影橋　1965（昭和40）年9月4日
撮影：日暮昭彦

**面影橋分岐点から早稲田方向を望む**
⑮系統同士の離合風景である。右が高田馬場駅前行きの3000形、左が早稲田車庫前行きの7000形。ここは㉜系統（荒川車庫前〜早稲田）との線路共用区間で、旧王電が建設した区間だけに鉄骨組みの架線柱が私鉄ふうの面影を残していた。沿道は商工業と住宅が混在する庶民的な街で、都電路線の他に並行する道路は無かったが、⑮系統廃止後に「新目白通り」が建設されて広々とした電車通りに変身した。◎面影橋分岐点　1964（昭和39）年6月28日　撮影：小川峯生

**面影橋停留場側から面影橋分岐点方向を望む**
庶民的な沿線風景の中を高田馬場駅前へ向う⑮系統の8000形ラストナンバーの8131号車。この形式は軽量車体のため、専用軌道では高速？で飛ばせる車両だったが、揺れと振動で乗心地は良くなかった。正面奥が面影橋分岐点。早稲田方向にやって来る⑮系統の800形が見える。この一帯は新目白通りの開通で当時の面影は全く残っていない。
◎面影橋付近　1967（昭和42）年12月3日　撮影：井口悦男

**面影橋停留場付近を高田馬場駅に向う⑮系統の800形**

面影橋分岐点と早稲田の中間に面影橋停留場があった。周辺に並行道路がないため、専用軌道区間の間にちょっとした街の風景が見られたが、わずかな商店と町工場の情景だった。⑮系統の主だった800形は、10m級の小型車ながら中型車の6000形や3000形よりも車体幅が約90mm広かったので、車内にはゆとりがあった。バネの柔らかいD-15型台車が軽快な走りを見せていた。◎面影橋　1964（昭和39）年6月28日　撮影：小川峯生

**面影橋方向から早稲田に到着した⑮系統茅場町行きの800形**

手前の背後が早稲田の停留場。次の早稲田車庫前も中心街から見れば西の外れにあり、繁華な賑わいとは無縁だった。専用軌道区間の沿線は住宅と町工場で、併用軌道区間に進むと次第に商店が広がっていた。早稲田大学のキャンパスは線路の南側（画面の左側背後）にあり、当時は早稲田の街と一体化していて、歩くうちにいつの間にか大学構内に入っているという開放的な大学街だった。800形の正面右側の小窓の跡は、5000形、700形と共に、大阪市電ふうの「照明式系統番号表示窓」の名残。昭和20年代末まで使われていたが、暗い照明と小さな数字書体で視認性に欠けていたため、1955（昭和30）年春から系統番号板に変更のうえ、小窓は塗りつぶしの後に鋼板で塞がれた。◎早稲田　1962（昭和37）年4月27日　撮影：荻原二郎

**専用軌道と併用軌道の境目にあった早稲田停留場に停車中の⑮系統神保町行きの800形**

都電の早稲田停留場は、旧王子電気軌道が早稲田線（大塚駅前〜早稲田）の終点として1930（昭和5）年3月に開業したもので、1918（大正7）年に開業していた市電（都電）の早稲田停留場とは線路がつながっていなかった。そのため王電の停留場は行止りの櫛型ホームと小駅舎があったが、1942（昭和17）年2月に市営化された際に王電の停留場を改修して早稲田〜早稲田車庫前間を接続した。高田馬場駅前への延長後は、⑮（高田馬場駅前〜茅場町）は当停留場を直通し、㉜（荒川車庫前〜早稲田）と㊴（早稲田〜厩橋）は、当停留場でそれぞれ逆方向に折返していた。停留場周辺は商店が軒を並べていて、庶民の街の雰囲気に満ちていた。◎早稲田　1966（昭和41）年10月5日　撮影：江本廣一

**折返しのため面影橋方向への専用軌道区間に停車中の⑮系統神保町行きの7000形**

早稲田終着、折返し神保町行きとなる7000形である。閑散時らしく乗務員も車内で一休み中か。発車時には少し前へ出てバック、渡り線を渡って左側の線路で奥の早稲田電停に進み、早稲田車庫前、飯田橋、神保町方面へ向う。
◎早稲田　1964（昭和39）年6月28日　撮影：小川峯生

**早稲田～早稲田車庫前付近の情景**
　3両とも1963（昭和38）年12月に廃止された杉並線から転入してきた車両で、1両目が2500形（2506）、2両目が2000形
（2010）。小柄でふくよかなタイプだった800形の代替車としては、細おもての狭幅車は不似合いに見えたが、次第に馴染んで
きた1968（昭和43）年の9月に⑮系統は廃止になってしまった。
◎早稲田車庫前付近　1967（昭和42）年12月　撮影：園田正雄

**早稲田電停前よりも賑わった早稲田車庫前電停の情景**
この付近は交通量も多かったが、新目白通りの道幅は狭く、都電停留場の安全地帯も無かった。早大をはじめ学校が多く、事実上の早稲田の中心地だった。都電の現役時にはまだ高層建築はまばらで、低層階の個人商店が連なっていた。地下鉄東西線はこの道路下ではなく、画面左奥の早稲田通りの下に開通したため、人の流れは次第に変っていった。
◎早稲田車庫前　1968（昭和43）年7月27日　撮影：荻原二郎

**戦後いち早く登場して⑮系統の主力となった800形の横顔**

終戦直後の混乱と欠乏が続く1947（昭和22）年に、早くも張上げ屋根の新造車として801〜820（木南車輌製）、821〜840（日本鉄道自動車〔後の東洋工機〕製）の計40両が量産され、早稲田車庫に配置された。戦中の木南車輌製700形に続く10m級の小型車だけに使用線区は限定され、終始⑮系統専用車として24年間にわたって活躍を続けた。類似車両に札幌市電の500形（501〜505。1948〔昭和23〕年日本鉄道自動車製。札幌市電最初のボギー車。1961〔昭和36〕年廃車）があった。都電800形よりも車体幅が狭く、前後を絞ってあったのでかなり小柄に見えた。
◎早稲田車庫前　1960（昭和35）年7月6日　撮影：井口悦男

**新目白通りに面していた都電早稲田営業所の情景**
右が高田馬場方面、左が江戸川橋・飯田橋方面。⑮系統（高田馬場駅前〜茅場町）、㊴系統（早稲田〜厩橋）を担当していた。戦前は木製3000形が主体で、戦中に木製2000形が加わっていた。戦後は鋼製800形を主体に3000、7000、8000形の時代が長く続き、老朽化した800形に代って元杉並線から転属した2000、2500形が転入していた。写真は左から3000形3076、2000形2008、7000形7051。まだ田園地帯が広がっていた1918（大正7）年7月に開設され、1968（昭和43）年9月29日に廃止となった。廃止後は1階が都バスの車庫、その上が高層の都営早稲田アパートになっている。
◎早稲田車庫前　1968（昭和43）年8月21日　撮影：井口悦男

**都電の要衝の1つ、江戸川橋停留場に着いた⑮系統茅場町行きの2500形**
面影橋分岐点から早稲田を経て江戸川橋に至る間、北側には神田川（井の頭公園を水源とする旧神田上水。中流域では江戸川と呼ばれていた）が⑮系統の電車が走る新目白通りとは付かず離れずで並行しているのだが、建造物の増加で川の姿もその北側の緑多き目白台（椿山荘や寺院、高級住宅が連なる）も車窓からは望めなくなっていた。しかし文京区の関口（旧上水の取水口があった）まで来ると川に接近し、北の護国寺前から延びてきた音羽通りと江戸川橋で交差する。都電も⑮（高田馬場駅前〜茅場町）・㊴（早稲田〜厩橋）と、⑳（江戸川橋〜須田町。末端の江戸川橋〜矢来下間は戦争末期の1944年に廃止）がここでクロスしていた。画面の右奥が旧矢来下・天神町方面、左奥が護国寺方面。首都高速の建設が始まっていて景観は良くない。現在は頭上に完成後の首都高速5号池袋線が通っていて、街の展望はきかなくなっている。
◎江戸川橋　1968（昭和43）年8月
撮影：小川峯生

**目白通りの大曲電停を飯田橋方向に進む⑮系統の茅場町行き3000形**
高田馬場駅前から来て、当所の目白通りの急カーブを越えた⑮系統の電車（茅場町行き）はそのまま目白通りを飯田橋方面に直進し、早稲田から来た㊴系統の電車（厩橋行き）は左折して江戸川（神田川）に架る白鳥橋を渡って安藤坂を上り、伝通院前方面

に向っていた。その昔、急坂を下ってきた電車の脱線事故もあった難所だったが、戦後は自動車に押され、高速道路の建設で頭
上もふさがれて、以前ほど話題にも上らない場所になっていた。現在は高層のビルとマンションが建ち並んでいる。
◎大曲　1968（昭和43）年9月28日　撮影：諸河 久

**大曲の電停を発車して飯田橋・九段下方面へ向う⑮系統茅場町行きの2500形**
道路は目白通り。右に神田川が並行しており、左には上流の関口町、水道町、東五軒町から続く大正末期から昭和初期にかけて
開けた商業と物づくりの街並みが、中央線の飯田橋駅を越えて九段下付近まで続いていた。撮影時は首都高速の建設が始まっ
た頃だったが、現在は首都高速5号池袋線の脇に高層化したオフィスビルが連なっており、道路下には東京メトロ有楽町線が
通っている。◎大曲　1968（昭和43）年2月25日　撮影：日暮昭彦

**大きくカーブする大曲（おおまがり）を
進む⑮系統茅場町行きの2500形**
神田川は江戸川橋と飯田橋の間で⑮
系統が進む目白通りとぴったり並行す
るが、途中の大曲は神田川が急カーブ
で屈曲している地点で、㊴系統（早稲
田～厩橋〔うまやばし〕）との分岐点で
もあった。画面右で㊴系統が別れ、白
鳥橋を渡って安藤坂を上り、伝通院前
から春日通りに出て本郷三丁目、上野
広小路方面に向っていた。⑮系統はさ
らに神田川沿いに飯田橋方面に直進
していた。川に沿った東五軒町には小規
模な商工業者の家並みが続き、中小の
出版社、印刷会社、製本所も多かった。
写真は首都高速の工事が始まった当時
のもの。現在は完成後の首都高速5号
池袋線が頭上を走り、沿道のビルも高
層化されている。
◎大曲　1968（昭和43）年5月
撮影：小川峯生

**文字通りの大曲（おおまがり）の急カーブを曲って高田馬場駅前に進む⑮系統の800形**
左手に並行する神田川のカーブに合せて目白通りのカーブもきつくなっていた。㊴系統（早稲田〜厩橋）との分岐点もカーブ上にあるため、画面左に信号塔が見える。奥が飯田橋方面、手前側が江戸川橋、早稲田方面である。現在は首都高速5号池袋線が頭上を通り、沿道には高層のビルが密集している。◎大曲　1964（昭和39）年6月28日　撮影：小川峯生

大曲の電停を発車して江戸川橋、早稲田方面、高田馬場駅前に向う⑮系統の2500形
目白通りにはすでに高速道路の橋脚が建ち並び、圧迫感をもって完成後の姿を彷彿とさせている。右奥には所どころに戦災にも焼け残った和風の建物がちらりと姿を見せていた。道路の奥が飯田橋方面、手前側背後が早稲田方面。すれ違った3000形も⑮系統で、区間運転の飯田橋行き。◎大曲付近　1968（昭和43）年2月25日　撮影：日暮昭彦

飯田橋交差点での出会い、
⑮系統茅場町行きの3000形（右）と、
⑬系統秋葉原駅前行きの4000形（左）
飯田橋駅至近の飯田橋交差点は五差路になっていて、⑮系統の走る目白通りと、神楽坂から下ってきた⑬系統の走る大久保通り（飯田橋まで。当所から先の⑬は外堀通りを進む）が交差しており、さらに外堀通りを赤坂見附から走ってきた③系統（品川駅〜飯田橋）の線路が、交差点手前で終点となっていた。信号や横断歩道も複雑なため、交差地点を取巻く井桁スタイルの歩道橋が巡らされ、歩行者が空中を歩く「大型交差点」として知られるようになった。写真はその建設開始の頃の模様で、正面のビルは東海銀行。JRの飯田橋駅には中央・総武緩行線しか停車しないが、現在は飯田橋駅周辺の道路地下や神田川の下には東京メトロ東西線・有楽町線・南北線、都営大江戸線の「飯田橋駅」が完成していて、巨大な地下鉄ジャンクションの1つとなっている。街の方も中小商工業の街から高層ビルが並ぶオフィス街に大変身している。
◎飯田橋　1968（昭和43）年8月24日
撮影：小川峯生

飯田橋交差点で信号待ちする目白通りの⑮系統高田馬場駅前行き2000形（右）と、
大久保通りの⑬系統岩本町行きの8000形・4000形（左奥）
五差路の飯田橋交差点に見る都電風景である。撮影時には左側の信号の奥にここが終点の③系統品川駅行きの停留場もあった。
鉄筋コンクリート仕様の本格的な歩道橋の工事が頭上で行われていた。国鉄飯田橋駅（当時）は画面の背後にあり、ホーム上か
らこのような展望が開けていた。◎飯田橋　1968（昭和43）年8月24日　撮影：小川峯生

**雪の日の飯田橋交差点風景**
五差路のうちの目白通りで信号待ちする⑮系統高田馬場駅前行きの2000形2008号車。居心地の良かった⑭系統杉並線から都内線に転じてきた中の1両で、狭幅車だけに乗降の激しい⑮系統での仕業はかなりキツかったかも知れない。撮影時には飯田橋交差点の「井桁の歩道橋」は未着工だった。◎飯田橋　1968（昭和43）年2月　撮影：小川峯生

**戦前と戦後の風景が重なっていた昭和30年代初めの飯田橋駅前風景**
低層の建造物ばかりだったので遠望がきいた。右に神田上水、直進する電車通りは目白通り。上流の大曲、江戸川橋にかけては沿道に中小の製造・加工工場、小出版社、印刷・製本業などが密集していた。神田川に架る外堀通りの橋は「船河原橋」。左奥が神楽坂・四谷見附方面、右奥が水道橋・御茶ノ水方面である。電車の姿は無いが、撮影当時の外堀通りには⑬系統（新宿駅前〜万世橋）の都電が頻繁に往復していた。現在は高層のオフィス街に変り、頭上には首都高速５号池袋線が重くのしかかっている。◎飯田橋　1956（昭和31）年６月16日　撮影：小川峯生

**神保町交差点に差し掛った**
**⑮系統高田馬場駅前行きの3000形**

奥が靖国通りの小川町、須田町方面、交差する白山通りの右が一ツ橋方面、左が水道橋方面。ここは神田神保町の中心で、靖国通りの南側には古書店と少数の新刊書店が並び、白山通りには岩波書店、小学館、集英社などの大手出版社のビルが並んでいる。古書店は関東大震災以後、昭和初期に建設された低層のビルが多く、現在も基本的には変っていないが、新しいビルも増えつつある。交差点を通る都電は、靖国通りに⑩（渋谷駅前～須田町）、⑫（新宿駅前～両国駅前）、⑮（高田馬場駅前～茅場町）、白山通りに②（三田～曙町）、⑰（池袋駅前～数寄屋橋）、⑱（志村坂上～神田橋）、㉟（巣鴨車庫前～田村町一丁目）の計7系統があって、乗降客が多かった。現在は交差点の地下で都営新宿線と都営三田線の駅がクロスしており、私鉄との直通運転によってさらに利便性を増している。画面手前の都電線路の渡り線（複線）は臨時、貸切、回送などで時おり使われていた。
◎神保町　1968（昭和43）年3月16日
撮影：日暮昭彦

**靖国通りの専修大学前付近を
茅場町へ急ぐ⑮系統の800形**

九段下で目白通りから靖国通りに出る
と、沿道は神田神保町の古書店街にな
る。専修大学前はその西の入口で、こ
の一角から神保町、小川町、淡路町、須
田町にかけては戦災に遭わなかったの
で、関東大震災後から昭和初期にかけ
てのビルや看板建築が軒を連ねてい
た。写真は通りの北側で、陽当りの良
さが書籍を傷めるため、書店の数はご
くわずか。ほとんどの古書店、新刊書
店は南側で北向きに店を構えている。
都電と併走する都バスの中間色塗装は
1950年度から登場した戦後の逸品の1
つだった。都電の旧塗色と名コンビで
東京の街にシックな好印象を付加して
いたが、1959（昭和34）年度から共に
実用的なクリーム／えんじ色の帯1本
に変り、深い味わいは失われた。800
形は5000形と共に、昭和20年代末ま
で大阪市電ふうの系統表示幕（方向幕
右側）を使っていた。
◎専修大学前付近　1954（昭和29）年

**小川町で靖国通りから本郷通りに右折し、神田橋、大手町方面に向う⑮系統茅場町行きの7000形**

小川町の交差点では都電の線路が三角線を描くＴ字路になっていた。❶靖国通りから本郷通りに右折する⑮（高田馬場駅前〜茅場町）の線路、❷靖国通りから本郷通りに左折する㉕（西荒川〜日比谷）・㊲（三田〜千駄木町）の線路、❸靖国通りを直進する⑩（渋谷駅前〜須田町）・⑫（新宿駅前〜両国駅前）の線路が△線を形成し、そこを５つの系統が絶え間なく通過していた。そのため信号塔の転轍手は操作に忙殺された。この写真は、㊲系統が1967（昭和42）年12月に廃止となり、㉕系統が1968年３月に

西荒川〜須田町間に短縮された後の撮影のため、7051号車のすぐ後ろで㊲㉕用の線路がすでに撤去されているのが見える。撮影時点で小川町交差点を通っていたのは⑩⑫⑮の3系統に減っていた。本郷通りの路面が荒れているのは、地下鉄千代田線の工事中だったため（1969年12月開通）。左手の英国ふうのビルは東京ＹＭＣＡ（Young Men's Cristian Association　キリスト教青年会）。青年の生活、教育、福祉などを行う公益団体。当ビルは2代目で、1934（昭和9）年の竣工。住友不動産に譲渡され、改築ののち2003年からベルサール神田になっている。◎小川町　1968（昭和43）年8月24日　撮影：小川峯生

**神田橋交差点風景。日比谷通りを直進し、大手町方面に向う⑮系統茅場町行きの800形と他系統の6000形**

小川町から本郷通りの美土代町（みとしろちょう）を経て神田橋交差点に出ると、ここも都電の要衝の1つだった。直進する道路は日比谷通りと名が変り、⑮（高田馬場駅前〜茅場町）・㉕（西荒川〜日比谷公園）・㊲（三田〜千駄木町）は南方向に直進し、神保町・一ツ橋方面からの⑰（池袋駅前〜数寄屋橋）は交差点を東西に横切って新常磐橋、東京駅八重洲口方面へ去るが、②（三田〜曙町）と㉟（巣鴨車庫前〜田村町一丁目）は日比谷通りに右折して、⑮㉕㊲と合流する。また、⑱（志村坂上〜神田橋）は当交差点で折返していた。神田橋は日本橋川（旧平川）に架る橋で、江戸期には皇居の神田橋御門があっただけに、一帯に建物は少なく、官庁の出先機関の中・低層ビルが点在する光景が戦後まで続いていた。高度成長期以降は次第に大手町のオフィス街に溶け込んで、現在は高層ビル街となり、空には首都高速都心環状線、足元には東京メトロ千代田線、都営三田線が通っている。
◎神田橋　1960（昭和35）年10月　撮影：小川峯生

**神田橋で都バスの停留所標識と共に写った⑮系統茅場町行きの800形**
都バスの神田橋停留所のポールと共に写った昭和30年代の記録。バスの行先「荒川土手」は現在の舎人（とねり）ライナー江北橋駅前付近で、〔東43〕系統（東京駅丸の内北口～荒川土手）として健在である。都電と並んで走る貸切バス2台は京浜急行電鉄バス。赤白の新鮮な塗分けは現在も京浜急行バスに引き継がれている。
◎神田橋　1960（昭和35）年10月　撮影：小川峯生

**日比谷通りから永代通りの大手町、日本橋方面に左折する⑮系統茅場町行きの800形**
神田橋交差点は都電の線路は賑わっていたが、日比谷通りを大手町交差点まで進む間はほとんどが国有地で、長らく大きなビルも無く、広い空間が残っていた。昭和初期までの電気局（後の交通局）の計画路線の1つに、飯田町一丁目／小石川橋～飯田町（貨物）駅前～専修大学前～一ツ橋～（内堀通り経由）～大手門～大手町（交差点）という幻の路線があった。予定の全区間に軌道敷の境界縁石が埋め込まれていたが、その一部である大手門前と大手町交差点の間には下町路線の折返し用線路が100mほど敷設され、戦時中まで使用されていた。現在の大手町は高層のビルが林立する日本を代表するビジネス・金融街であり、地下には東京メトロ丸ノ内線・東西線・千代田線・半蔵門線と、都営三田線の「大手町駅」が通路と階段で結ばれ、地上の主要ビルと直結している。2019年度1日の乗降客数は東京メトロ4線が計365,972人、都営三田線が110,710人と多く、地下の一大ターミナルを形成している。ＪＲ東京駅とも通路で結ばれており、雨に濡れずに到達できる。正面のビルは現在の三井住友銀行本店東館。◎大手町交差点　1960（昭和35）年10月　撮影：小川峯生

# 日本橋川　1962年

現在は高速道路が覆い被さっている日本橋川の上と、昭和通りの上から首都高速の高架橋を外して眺めたような写真である。中央を貫く川は日本橋川。神田川の分流で、飯田橋付近の三崎橋から豊海端まで24本の橋が架っている。写真は上から順にまず昭和通りに架る江戸橋。道幅に応じて橋の幅も広い。現在は江戸橋インターチェンジにより空は見えなくなっている。次が都電と共に中央通りが通り、日本の道路元標が建つ日本橋。2連のアーチが美しい橋で、元標は橋の中心部、都電の線路の間に建っていた。1964東京五輪に合せて上空に高速道路が開通し、橋の上は昼なお暗い感じになってしまった。江戸橋との間の左岸は元の魚河岸の跡地で、17世紀初頭から1935（昭和10）年に築地へ移転するまでここに魚河岸があった。対岸のビルは野村證券本社。次の橋は西河岸橋といい、旧魚河岸の西側に位置したことを今に伝えている。日本橋との間の右岸のビルは缶詰の国分商店のビル。左手奥の四角い大きなビルはデパートの三越本店で、当時も今も威容を誇っている。
◎1962（昭和37）年3月3日
撮影：朝日新聞社

**呉服橋～丸の内一丁目間を高田馬場駅前に向う⑮系統の8000形**
銀行と証券会社が密集する金融街を、ビジネス客で満員の都電が行く。客層は順次入れ替って終着の高田馬場駅前では学生で満員となっている。高度成長の初期だけに高層のビルはまだ見当らない。都電の将来を見越した低コストの8000形電車（1956～57年製）も出来立てで、8131号はそのラストナンバー車だった。
◎呉服橋～丸の内一丁目間　1958（昭和33）年10月31日　撮影：小川峯生

永代通りの日本橋交差点で、
早稲田に向う⑮系統の800形と、
ここで折返す㊳系統の1200形

東西に走る永代通りと南北に走る中央
通りとの交点である。北東側の角地に
はデパートの白木屋（後の東急百貨店
日本橋店。現在はコレド日本橋）が戦
前からの姿を改修して威容を誇ってい
た。写真の電停は交差点西側の大手町
側にあり、⑮系統の早稲田・高田馬場
駅前方面行きと、日本橋止りの㊳系統
（錦糸堀車庫前～日本橋）が停車してい
た。沿道には高層ビル建設以前の都心
の風景が残っていた。車道に見える都
バスは、車体の前後を似たデザインに
した箱型（電車型）車体の1つで、昭和
30年代に関西の路線バスで流行した。
関東では試験的に導入した程度で広ま
らなかった。映画の看板は左が「裸の
マヤ」（1959米・伊合作。画家ゴヤの
外伝。主演：エヴァ・ガードナー、ア
ンソニー・フランシオサ）、右が「白い
砂」（1957米。太平洋戦争余話。主演：
ロバート・ミッチャム、デボラ・カー）。
共に当時の人気作品だった。
◎日本橋　1960（昭和35）年5月
撮影：小川峯生

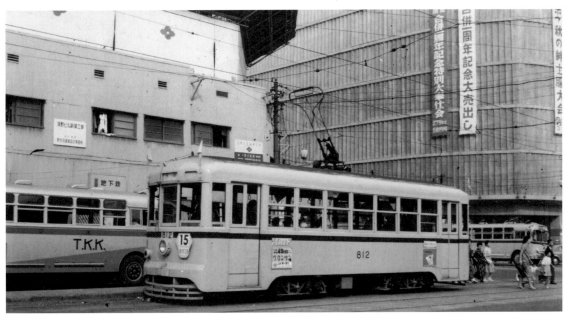

永代通りの日本橋交差点（中央通りの交点）で、洲崎に向う⑮系統の800形
右のビルは改装後の白木屋百貨店（1662年呉服店として創業の老舗）。1958年8月に東急系の東横百貨店を合併、旧名称で営
業を続けていたが、1967（昭和42）年9月に東急百貨店と改称、白木屋は同社日本橋店となる。1999（平成11）年1月、日本橋
店は閉店。2004（平成16）年3月、跡地にコレド日本橋（高層階は賃貸オフィス、低層階は商業テナント）が竣工している。左の
建設中のビルは後に姿を消し、2015年に東京建物日本橋ビルとなって竣工している。写真の都電は⑮系統朝夕の臨時・洲崎（江
東区）行き。並走の東急バスは東京駅八重洲口が起終点で、1959（昭和34）年6月から「日本橋経由」として運行していた都営・
東急共運系統（八重洲口～横浜駅、同～多摩川大橋、同～池上駅）のいずれか。1962年に復路のみ日本橋経由となり、1964年3
月に横浜駅系統が廃止、1966（昭和41）年10月に日本橋への経由を廃止している。
◎日本橋　1959（昭和34）年9月24日　撮影：井口悦男

茅場町始発で高田馬場駅前に
う⑮系統の800形（右）と、
浜町中ノ橋へ向う
⑨系統の6000形（左）
永代通りに面する証券会社の
ビルは日本橋交差点付近から
増えて、日本一の金融街・兜町
と茅場町まで来ると証券会社
一色で埋め尽されていた。地
下鉄東西線が開通する前は都
電が唯一の大量輸送の交通機
関で、終日ビジネスマンの利
用があった。茅場町には永代
通りに⑮（高田馬場駅前〜茅場
町、一部洲崎）、㉘（錦糸町駅前
〜都庁前）、㊳（錦糸堀車庫前
〜日本橋）と、交差・分岐する
新大橋通りに⑨（渋谷駅〜浜町
中ノ橋）、㊱（錦糸町駅前〜築
地）、が通り、都電網は四通八
達していた。現在は証券界も
デジタル化で分散し、ビルも高
層化してかつての集中的な活
力は消えているが、それでも独
特の雰囲気は残っている。
◎茅場町
1965（昭和40）年1月29日
撮影：諸河 久

**洲崎に到着した⑮系統の822号車**
隅田川を永代橋で渡り、門前仲町や木場を経て洲崎まで来ると、かつてこの一帯は東京湾の遠浅の海と低湿地が広がっていた。江戸時代から埋立てが行われ、吉原に代る洲崎遊郭は橋を渡る島の形で築かれるなど、一時は活況を呈していた。戦災後の洲崎は商工、住宅の街に変り、東隣の東陽町、砂町と共に発展を遂げてきた。山の手の早稲田から通勤時間帯にはるばるやって来る⑮系統の電車も、この地に溶け込んだお馴染みの運行経路で、違和感は無かった。写真の車両もかなりの乗車率で到着したように見える。◎洲崎　1965（昭和40）年11月11日　撮影：諸河 久

**永代橋で隅田川を渡り、洲崎までの臨時系統区間を行く⑮系統の829号車**
昼の⑮系統の路線は高田馬場駅前〜茅場町だが、朝夕のラッシュ時には早稲田から茅場町の先の新川一丁目、永代橋、佐賀町一丁目、永代二丁目、門前仲町、不動尊前、富岡町、木場二丁目（旧・木場一丁目）、木場五丁目（旧・木場三丁目）と進んで洲崎までの運行を行っていた。深川不動堂、富岡八幡宮、木場、と利用客の多い区間を進み、江戸〜明治期には遠浅の海の埋立てが行われた「洲崎」まで、この区間の㊳系統（錦糸堀車庫前〜日本橋）、㉘系統（錦糸町駅前〜都庁前）の補助の役目も果たしていた。この区間は永代通り（千代田区大手町一丁目〜江東区新砂町三丁目）の下を走る地下鉄東西線のコースと重複し、撮影時にはその建設工事がたけなわとなっていた。◎佐賀町一丁目　1965（昭和40）年11月11日　撮影：諸河 久

**金融の街・茅場町を行く都電の車両群**
まだ低中層ビルの時代で至って地味に見えるが、隣の兜町と共に「日本のウォール街」と呼ばれた金融・証券取引の中心地で、
沿道には銀行と証券会社が軒を連ねていた。地下鉄東西線では日本橋駅〜茅場町駅間は0.5kmしか離れていないが、街の雰囲
気は全く異なっていた。茅場町も活気に満ちた街だったが、今は電子取引が主流となって、各社のオフィスが都内に分散した
ため、かつての活況は消えている。写真の電車は右端が3000形、左奥へ手前から順に⑮系統の3000形、㉘系統の3000形が続き、
最奥が茅場町に到着した⑮系統の800形である。ビジネスマンの利用が多く、都電も活気に満ちていた。
◎茅場町　1962（昭和37）年5月17日　撮影：荻原二郎

# 16系統（大塚駅前～錦糸町駅前）

【担当：大塚（営）　営業キロ数：大塚駅前～錦糸町駅前間10.0km　廃止：1971（昭和46）年3月18日】

　⑯系統は、城北の大塚駅前から小石川・本郷の文教地区を通り抜け、いくつかの急坂を上下すると、下町の中心・上野広小路に立寄る。さらに商工業地区を進むと厩橋で隅田川を渡り、濹東地区最大の繁華の地・錦糸町駅前（北口）に到達する東西幹線の1つだった。沿線は国電や地下鉄の高速大量輸送機関に恵まれない地域が多かったので、都電への依存率が高く、廃止後代替の都バスが現在も「都02」系統として同じコースを走っているが、今は地下鉄と並行しているにも関わらず、都バスきっての運行本数の多さと乗車率の高さを誇っている。都電の時代には狭い道路が多く、車両は中型の3000形を主体に7000、8000形が多めに配置され、兄弟分の⑰系統と巧みに共通運用されていた。

**停留場** 1962（昭和37）年当時

大塚駅前 — 大塚車庫前 — 大塚辻町 — 大塚仲町 — 大塚窪町 — 教育大学前 — 清水谷町 — 竹早町 — 同心町 — 伝通院前 — 富坂二丁目 — 春日町 — 真砂町 — 本郷三丁目 — 春木町 — 天神下 — 上野広小路 — 御徒町三丁目 — 西町 — 竹町 — 小島町 — 三筋町 — 桂町 — 厩橋 — 厩橋一丁目 — 石原町一丁目 — 石原町二丁目 — 石原町三丁目 — 太平町一丁目 — 太平町三丁目 — 錦糸町駅前

**大塚車庫風景①　大塚駅前に向う出庫車の3000形（中）と、出庫待ちの8000形（左）、3000形（右奥）**
大塚営業所には3000形の両数が多く、戦後の黄金期には（多少の変動はあったが）60両が配置されていたほか、7000形が12両、8000形が16両の配置となっていた。文京区内の曲線の多い狭隘な道路に適合した寸法の中型車3000形と、車長は少し長めの6000形とほぼ同じながら車体の前後を絞ってあった7000、8000形は走行に支障はなく、大塚車庫担当の⑯系統と⑰系統（池袋駅前～数寄屋橋）に共通運用されていた。◎大塚車庫　1970（昭和45）年6月8日　撮影：井口悦男

**大塚駅前で発車を待つ当時新鋭の7000形7086号車（旧塗装）**

撮影前年の1955〜56年（昭和30〜31）年に登場した7000形最終の3次車（7051〜7093）のうちの1両で、完成されたスタイルが好評だった。しかし塗色が緑の濃淡（京成電鉄の「青電」を濃くしたような色調で暗かった。翌1957（昭和32）年からの塗色変更（➡青緑／クリーム）で他形式と同じ色彩に変った。写真は「上野御徒町」行き（実際は「御徒町三丁目」行き）が駅前で発車待ちしているところ。カメラは南大塚通り沿道から大塚駅南口方向を見たもので、右手のビルは大塚駅南口前でランドマークの1つだった食事処の「山海楼」。左側奥の大きなビルは旧白木屋大塚分店で、1956（昭和31）年から松菱ストアーとなり、4〜5階には城北予備校が入っていた。1959（昭和34）年の松菱閉店後は賃貸オフィスの大塚ビルとなった。
◎大塚駅前　1957（昭和32）年6月30日　撮影：江本廣一

**大塚駅前に到着した折返し錦糸町駅前行きの⑯系統3000形**
高度経済成長が軌道に乗った時期の撮影で、街角から「昭和の戦前」が消え、風物や景観が急速に変り始めた頃の一景である。右が食事処の「山海楼」、奥の大きなビルは、昭和初期に私鉄の大塚乗入れ案などが浮上して、大発展を見越した旧白木屋百貨店が1936（昭和11）年に開店した大塚分店跡のビル。隣の池袋が大発展したため繁華街は育たず、戦後は松菱ストアーを経て賃貸オフィスの「大塚ビル」となっていた。ビルの左は山手線のガードで、左奥のガード下が旧王子電軌（後の都電荒川線）の大塚駅前停留場。都電⑯系統の起終点とは1車線を隔てた程度で接近していたが、接続はしなかった。
◎大塚駅前　1962（昭和37）年5月16日　撮影：江本廣一

**大塚駅前で発車を待つ⑯系統の主力3000形（旧塗装）**
担当の大塚営業所には輸送量と道路環境から3000形（同じ中型車の6000形より車長・車幅が若干短かった）の配置が多く、⑯系統（大塚駅前～錦糸町駅前）、⑰系統（池袋駅前～数寄屋橋）の主力となっていた。写真は大塚駅南口付近から南大塚通りを望んだもので、右奥にあった上野鈴本系の映画館・鈴本キネマの看板が出ている。上映中の作品は1957年5月封切の大映時代劇「刃傷未遂」（出演：長谷川一夫、岡田茉莉子、勝新太郎、黒川弥太郎）、同6月封切の松竹時代喜劇「勢揃い桃色御殿」（出演：花菱アチャコ、伴淳三郎、小山明子、近衛十四郎）。邦画の黄金時代だったが、隣の池袋の映画館街に押されて大塚には他に1館あるのみだった。
◎大塚駅前　1957（昭和32）年6月30日
撮影：江本廣一

**大塚駅前で発車を待つ⑯系統の3000形**
方向幕は単純明快に「錦糸町駅」となっていたが、これは北口駅前を指していた。錦糸町駅の南口は下町の都電最大のターミナルだったが、総武線の地平時代には四ツ目通りが踏切だったため、南北間の都電線路は途切れていた。総武線の高架複々線化の後も南北の都電線路は繋がらず、南口の「錦糸町駅」「錦糸堀車庫」の方向幕との区別のため、⑯系統は後に「錦糸町　駅」と記すようになった。背後のビルは元デパート白木屋の後身でオフィス賃貸の大塚ビル。
◎大塚駅前　1962（昭和37）年5月16日
撮影：江本廣一

**大塚車庫からの出庫車で駅前に到着した
錦糸町駅前行き⑯系統の8000形**

大塚車庫との距離が近いので、出庫・入
庫の電車を見る機会も多かった。⑯系統
は沿線に国立・私立大学、公立・私立の
高校、私立の中学が多数あり、通学客の
利用が多かったが、昭和30年代に多くは
地下鉄丸ノ内線に移った。それでも朝夕
は学生・生徒で混雑していた。また、⑯
は上野広小路、御徒町を通るため、山の
手、下町の商用客、買物客も多く利用し
ていた。現在も代替の大塚駅～錦糸町駅
間の都バス〔都02〕系統は頻発運転が続
いている。
◎大塚駅前　1971（昭和46）年3月17日
撮影：小川峯生

**大塚駅前に到着した⑯系統の3000形**

南大塚通りから山手線の大塚駅南口の模様を捉えたもので、ガード上には山手線の103系外回り電車（ウグイス色）が見える。ガード下左側のアーチ型トンネル部分が旧王子電軌の大塚駅前停留場で、撮影当時は都電㉜系統（荒川車庫前〜早稲田）の単独運行になっていたが、⑯系統（大塚駅前〜錦糸町駅前）とは接近していながらついに線路は接続しなかった。現在はガードを越えた北口方面も高層のビルが軒を並べている。
◎大塚駅前
1970（昭和45）年6月8日
撮影：井口悦男

道路拡張により広々とした
大塚車庫前停留場に到着した
⑯系統錦糸町駅前行きの3000形

大塚駅前側から大塚車庫の建屋を望ん
だもの。駅前の通りは南大塚通りだが、
直進すると新大塚(旧・大塚辻町)で「春
日通り」に合流し、この道路名は消え
る。この付近は昭和30年代から道路拡
張が進んだが、都電の軌道は中央に移
設されることなく、片側に偏奇したま
ま1971(昭和46)年3月18日の廃止日
を迎えている。都電車庫の風格ある姿
は地元の誇りでもあった。
◎大塚車庫前
1970(昭和45)年6月8日
撮影：井口悦男

**大塚車庫前に停車中の ⑯系統錦糸町駅前行きの8000形**
大塚駅前停留場から南大塚通りを0.2
kmを進んだ1つ目の停留場が「大塚車庫
前」だった。この車庫は2代目で、初
代は1913（大正2）年に大塚窪町（初
代）に設けられ、「大塚車庫前」と改称
されていたが、狭隘のため、1922（大
正11）年7月に大塚駅前に近いこの位
置に2代目の大塚車庫を開設し、初代
の車庫は市バス車庫に転用された。初
代車庫廃止後の電停名は高等師範学校
前➡文理科大学前➡大塚窪町（3代目）
➡教育大学前と変転を重ねた。市電（都
電）の2代目大塚車庫は赤煉瓦と大理
石の豪壮な造りで、大塚の街に威容を
誇っていた。写真左寄りの深奥部は大
塚駅前。ガード上に山手線の103系電
車が見える。春日通りにつながる南大
塚通りは拡幅工事が行われ、撮影時点
では向って左側が拡幅済みだが都電の
軌道は中心線に移動しておらず、この
姿のまま1971年の廃止を迎えた。
◎大塚車庫前
1969（昭和44）年3月27日
撮影：荻原二郎

**大塚仲町（後の大塚三丁目）の交差点に進む⑯系統8000形新製時の回送車**

大塚仲町は⑰系統（池袋駅前〜数寄屋橋）との合流点で、乗降の多い停留場だった。⑯系統は当電停から天神下電停までが文京区内のメイン路線となるが、昭和40年代に吹き荒れた居住表示（町名改正）により、一部を残して江戸・明治期以来の由緒ある町名を付した停留場名が消えてしまった。ここで新旧名を記しておくと、大塚仲町➡大塚三丁目【写真】、大塚窪町➡大塚二丁目、教育大学前（筑波大学となって移転廃止）、清水谷町➡小日向四丁目、竹早町→文京区役所前（初代）➡小石川四丁目、同心町➡春日二丁目、伝通院前➡不変、富坂二丁目➡富坂上、春日町➡文京区区役所前（2代）、真砂町➡真砂坂上、本郷三丁目➡不変、春木町➡湯島四丁目、天神下➡不変。文京区は旧小石川区と旧本郷区を統合した区だが、旧小石川区内の改正は徹底していた。旧本郷区内の改正は住民の猛反対があって、由緒ある町名が残り、明暗を分けた。写真の8038号車は1957年の新製時の姿。
◎大塚仲町（後の大塚三丁目）　1957（昭和32）年9月8日　撮影：小川峯生

新大塚（旧・大塚辻町）電停を発車する
⑯系統伝通院前行きの7000形
南大塚通りはここで春日通り（豊島区
東池袋一丁目〜墨田区横川五丁目）に
合流する。地下鉄丸ノ内線の池袋〜御
茶ノ水間が部分開通し、大塚辻町の道
路下に新大塚駅が開業したのは1954
（昭和29）年1月20日のことだった。山
手線内側の高速鉄道が未発達だったの
で、丸ノ内線は利用客が増加の一途を
辿り、都心部へ延伸するにつれて大量
輸送路線に成長していった。都電⑯系
統は新大塚〜後楽園〜本郷三丁目間で
競合したが、利用客は激減せず、利用
目的に合せた選択により一定の乗降数
を維持していく。写真は大塚駅前から
続く拡張後の南大塚通りに低・中層の
商業ビルが並ぶ景観である。
◎新大塚　1970（昭和45）年11月30日
撮影：荻原二郎

大塚三丁目（旧・大塚仲町）の交差点に進む⑯系統大塚駅前行きの3000形
旧大塚仲町は春日通りの都電の要衝の1つで、⑯系統（大塚駅前〜錦糸町駅前）と不忍（しのばず）通りの⑳系統（江戸川橋〜須
田町）がクロスし、⑰系統（池袋駅前〜数寄屋橋）が春日通りから不忍通りの⑳に乗入れる（転線する）重要な交差点だった。電
車の後方が当時の教育大学前・春日町方面、電車の前方右奥が大塚駅前方面と⑰の池袋方面分岐点。斜めに横切る線路は⑳系
統で、左手が氷川下町・神明町方面。ここは御茶ノ水女子大学の最寄電停でもあった。正面の「大文字ベーカリー」はこの地
のランドマークとなっていた製パン・洋菓子・喫茶の人気店で、現在はマンションの「パナメゾン大文字」になっている。
◎大塚三丁目（旧・大塚仲町）　1970（昭和45）年10月3日　撮影：荻原二郎

**大塚三丁目（旧・大塚仲町）交差点を進む⑯系統・厩橋（うまやばし）行きの7000形**

旧大塚仲町は沿線に多くの学校が続く文教地区の入口でもあった。東邦音楽大、御茶ノ水女子大、東京教育大（後の筑波大）、跡見学園女子大、拓殖大、貞静学園短大などの他、大学付属の幼小中高も集まっていて、「文京区」の語源となった文字通りの「文教の町」で、これは昔も今も変らない。他に護国寺、小石川植物園、伝通院にも近く、沿線には閑静な雰囲気があった。
◎大塚三丁目（旧大塚仲町）　1971（昭和46）年3月14日　撮影：小川峯生

**教育大学前（都バスは大塚車庫前）を通過する⑯系統・大塚駅前行きの7000形**

都電の教育大学前、都バスの「大塚車庫前」を大塚二丁目（旧大塚窪町）方向に急ぐ7000形の1次車。都バス大塚車庫は元市電の大塚車庫を転用したもので、写真の右側にあった。車道に見える左右の都バスは、2台ともひと足先に廃止となった都電⑰系統（池袋駅前〜数寄屋橋）の代替バス「517系統」で、都電時代と同様に頻発運転をしていた。市電（都電）出自の都バス大塚営業所は晩年に巣鴨営業所の大塚支所となり、2015（平成27）年3月に廃止となった。廃止に伴い、バス停も「窪町小学校」と改称されている。◎都電の教育大学前・都バスの大塚車庫前（現・窪町小学校）　1971（昭和46）年3月14日　撮影：小川峯生

電停名が7回も変わった教育大学前ですれ違う⑯系統錦糸町駅前行きの8000形（左）と、大塚駅前行きの7000形（右）

東京教育大前停留場は、大塚窪町（初代、1910）➡高等師範前（1911）➡大塚車庫前（初代、車庫は現・都営バスに転用、1913）➡高等師範学校前（1922）➡文理科大学前（1929）➡大塚窪町（3代目、1949）➡教育大学前（1950）と、学制や校名が変わるたびに隣の大塚窪町（➡大塚2丁目）と共に改称を重ねたが、窪町＝教育大・お茶の水大最寄りの電停として都民に浸透していた。都電廃止後は東京メトロ丸ノ内線の「茗荷谷駅」が旧小石川地区の学校最寄り駅の任を一手に引受けている。「東京教育大学」は1973（昭和48）年に開学した「筑波大学」に改称、茨城県つくば市に移転して、教育大は1978（昭和53）年に閉学となった。広大な跡地は「教育の森公園」および一部が筑波大の東京キャンパスとして活用されている。教育大がこの地に在った1971年に都電は消えたが、写真左の「金門飯店」は盛業中で、茗荷谷の金門飯店として親しまれている。
◎教育大学前　1971（昭和46）年3月14日　撮影：小川峯生

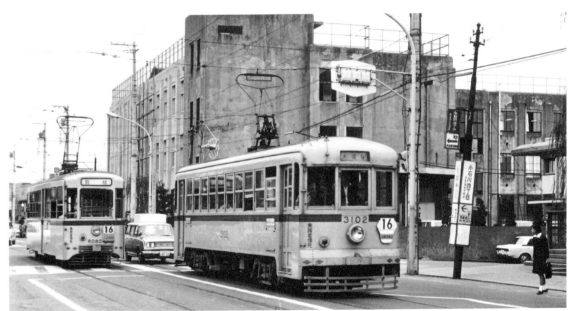

竹早町➡小石川区役所前➡文京区役所前➡竹早町➡「小石川四丁目」と何度も改称された電停に到着した
⑯系統大塚駅前行きの3000形（右）と、厩橋行きの8000形（左）

背後のビルが初代文京区役所（前身は小石川区役所）。1959（昭和34）年に区役所は春日町に移転し、区役所跡は改築のうえ「東京都社会福祉保健医療研修センター」になっている。周辺には寺院と学校が多く、地下鉄丸ノ内線・茗荷谷駅との間には桜の名所「播磨坂」がある。戦後、環状3号線（環3）の建設計画の一部として、外苑東通り、播磨坂、言問通り、三つ目通りをつなぐ計画だったが、資金難から未成のままとなった。当地では春日通りと千川通りを結ぶ環3播磨坂区間460mだけが完成し、1960（昭和35）年に短区間ながらも広すぎる道路に桜を植えて、現在は文京区内の「桜の名所」の1つとなっている。千川通りと接続する側には大手印刷会社の共同印刷㈱の本社と本社工場、小石川植物園がある。
◎小石川四丁目　1970（昭和45）年10月3日　撮影：荻原二郎

**⑯系統運転最終日の小石川4丁目（旧・文京区役所前）電停の表情**

右が社会福祉会館（旧・初代文京区役所跡）。街の動きは平常通りだが、電停には⑯㊴系統の廃止予告の看板が立っており、大塚駅前に向う⑯系統8000形の車内は別れを惜しむファンや地元の人たちで超満員だった。同じ線路を走っていた⑰系統（池袋駅前〜数寄屋橋）は1969（昭和44）年10月に廃止になっており、今回は残っていた⑯系統（大塚駅前〜錦糸町駅前）と㊴系統（早稲田〜厩橋）が同時に廃止となったため、春日通りは一気に寂しくなった。
◎小石川四丁目　1971（昭和46）年3月17日　撮影：荻原二郎

**伝通院前の狭い春日通りを錦糸町駅前方面に向う⑯系統の7000形と3000形**

右奥が伝通院、線路は右方向が文京区役所前（旧春日町）・本郷三丁目方面。手前の線路は㊴系統（早稲田〜厩橋）の分岐線で、左に進むと安藤坂を下り、大曲、江戸川橋、早稲田に達していた。伝通院前は都電のT字路になっていて、運転本数の多い⑯（大塚駅前〜錦糸町駅前）、⑰（池袋駅前〜数寄屋橋）、㊴（早稲田〜厩橋）が合流・分岐する要衝の1つだったが、伝通院への参道を除いた拡幅前の狭い三叉路は、車が渋滞する名所の1つでもあった。◎伝通院前　1970（昭和45）年9月19日　撮影：荻原二郎

**拡張前の伝通院付近の春日通りを御徒町駅前（旧・御徒町三丁目）に向う⑯系統の8000形**
伝通院は正式には「無量山伝通院寿経寺」といい、徳川家康の生母・於大の方の墓所として1608（慶長13）年に竣工し、以後、芝の増上寺に次ぐ徳川将軍家の菩提寺となった。こちらは伝通院（家康生母）のほか初姫（２代徳川秀忠四女）、千姫（秀忠長女）、鷹司孝子（３代家光正室）など女性の墓が多い。維新後は一般の墓所として開放され、杉浦重剛（思想家、教育者）のほか文学者の小泉千樫（歌人）、佐藤春夫（詩人・作家）、柴田錬三郎（作家）、高畠達四郎（洋画家）などの墓がある。⑯系統は沿線の95％以上が戦災で焼失した路線で、伝通院も焼失し、戦後再建されたものである。沿道の商店街も戦後復興期の建築が並んでいたが、現在は道路整備と高層ビル化が進み、昔日の景観は残っていない。◎伝通院前　1970（昭和45）年９月19日　撮影：荻原二郎

**白山通りと交差する文京区役所前（旧・春日町）電停に停まる⑯系統厩橋行きの8000形**
伝通院前から勾配を下ってくると白山通りとの交差点に出る。ここでは春日通りの⑯（大塚駅前～錦糸町駅前）と㊴（早稲田～厩橋）は本郷三丁目方面に直進するが、並走してきた⑰（池袋駅前～数寄屋橋）は右折して白山通りの路線に合流する。白山通りには春日通りの⑯⑰㊴系統の主力・3000形よりは若干大型の4000形、6000形を主体にした②（三田～曙町）、⑱（志村坂上～神田橋）、㉟（巣鴨車庫前～田村町一丁目＝後の西新橋一丁目）がせわしげに往来しており、そこへ⑰が加わって有数の「都電の街」となっていた。文京区役所は当初ホールを持つビル型の建築だったが（写真）、1994（平成６）年に区役所としては破格ともいえる28階建ての高層棟のビルが完成、さらに1999（平成11）年に「文京シビックホール」が完成した。ホールの催事と共に展望台が人気を集めている。◎文京区役所前　1970（昭和45）年９月19日　撮影：荻原二郎

**本郷三丁目から真砂坂上（旧・真砂町）を経て文京区役所前（旧・春日町）方面へ向う⑯系統大塚駅前行きの8000形**
奥が本郷三丁目交差点。この先真砂坂を降って都電要衝のひとつ文京区役所前（旧・春日町）に進む。昭和40年代の町名改正という嵐の中で、「真砂」という音（おん）の響きの良い町名と風情のある電停名が残ったのは快事だった。沿道には老舗と住宅が集まっていたが、現在はマンションを主体とするビル街になっている。
◎真砂坂上　1970年（昭和45）年11月25日　撮影：荻原二郎

**各種商店が建ち並ぶ真砂坂上(旧・真砂町)電停と⑯系統錦糸町駅前行きの7000形**
真砂町といえば泉 鏡花の名作「婦系図(おんなけいず)」の主人公・ドイツ語講師・早瀬主税(はやせちから)の恩師・酒井俊蔵先生の住いが在った場所で、先生は内緒で柳橋の芸者・お蔦と世帯を持っていた主税とお蔦を別れさせようとする。そこからさまざまな人物と湯島天神も絡めて込み入った話が展開していく…。左奥が旧春日町方面。拡張前の春日通りは狭かった。現在は背の高いビルが並んでいる。◎真砂坂上　1970年(昭和45)年11月25日　撮影：荻原二郎

**本郷三丁目交差点に停車中の⑯系統大塚駅前行きの3000形**
伝通院前から文京区役所前(旧春日町)を経て真砂坂を上り詰めると、本郷通りとの交差点にある本郷三丁目電停に着く。ここは春日通りの⑯(大塚駅前～錦糸町駅前)、㊴(早稲田～厩橋)と、本郷通りの⑲(王子駅前～通三丁目)の交点でもあり、乗降客、乗換え客が多かった。写真右が神田明神、須田町方面、左が東大赤門前、駒込駅前方面。角の低層ビルは和菓子の本郷三原堂。1932(昭和7)年の創業で、銘菓「大学最中」で知られている。餡の量が多く、勇猛な大学生諸君の活力源として愛されてきた。本郷通り一帯には東大生を上得意とする飲食店、喫茶店、新刊書店、古書店が多く、撮影当時は沿道奥に明治以来続いてきた下宿屋と旅館も多数あった。現在は賃貸マンションが増えている。都電に代る本郷の足は東京メトロ丸ノ内線と、都営大江戸線の本郷三丁目駅から利用できる地下鉄のネットワークである。
◎本郷三丁目
1970(昭和45)年8月6日
撮影：荻原二郎

本郷通りから見た
本郷三丁目交差点と信号待ちの
⑯系統錦糸町駅前行きの7000形
本郷三丁目交差点から真砂町、文京区
役所前（旧春日町）方向を望んだもの。
手前で交差する本郷通りの角には、本
郷通りを単独で往復する⑲系統（王子
駅前〜通三丁目）の電停標識が見える。
右方向の次電停が「東大赤門前」、左方
向の次電停が「本郷二丁目」（旧本郷一
丁目）となっている。当地点は本郷通
りの中心街であり、本郷地区は居住表
示（町名改正）が行われなかったので、
電停にも昔と変りの無い町名が残っ
た。角地の「芙蓉堂薬局」は都内に多
数の店舗を持つ大型薬局で、本郷三丁
目の交差点では大学最中の「三原堂」
と対角線の位置にある。
◎本郷三丁目
1971（昭和46）年2月21日
撮影：田尻弘行

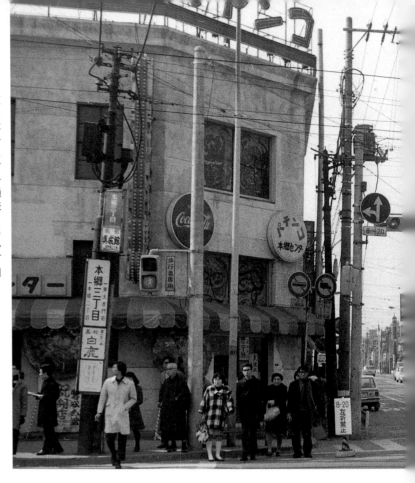

**本郷三丁目交差点を渡り、天神下、上野広小路方面に去って行く⑯系統・錦糸町駅前行きの7000形**
本郷三丁目を過ぎると春日通りの沿道は次第に下町の雰囲気に変ってくる。本郷三丁目からしばらくは平坦な本郷台地を走る
が、山の手（武蔵野台地）が尽きると湯島四丁目（旧・春木町）、天神下とやや急峻な「切通坂（きりとおしざか）」を降って沖積
地の下町に出る。商業ビルが林立してくると繁華な「上野広小路」。写真はその方向を望んだものである。
◎本郷三丁目　1970（昭和45）年12月6日　撮影：小川峯生

春日通り上野広小路電停をゆっくり通過する「都民の日」花電車（右）と、⑯系統・大塚車庫前行きの3000形（左）

写真は1955（昭和30）年10月1日の「都民の日」に運転された花電車のうちの1両。この年は戦後10年の節目に当るため「復興10周年　都民の日花電車」が運転された。スポンサー付きの装飾を施した複数の花電車が続行運転や各線を巡ったあと、水天宮の側線（旧・水天宮〜土洲橋間の廃線跡で、複線の線路を残してあった）に整列して展示も行った。花電車は翌1956年10月1日の「東京開都500年記念大東京祭」、1959（昭和34）年4月26日の「皇太子殿下ご成婚奉祝」、1964（昭和39）年10月の「東京オリンピック」などで大々的に運転された。以後は交通事情などで運転はごく稀になり、荒川線発足時に運転された後は長らく姿を見せなかったが、2011（平成23）年に「都電100周年」を記念して同線内で久々の運転が行われた。以後、花電車の運転は行われていない。◎上野広小路　1955（昭和30）年10月1日　撮影：田部井康修

春日通りの上野広小路交差点から
国鉄山手線・京浜東北線の
「御徒町駅」を望む。
⑯系統の大塚駅前行き8000形が停車
中。手前の広い部分が中央通りとの交
差点、角のビルが松坂屋上野店。高架
の御徒町駅ホームが春日通りを跨いで
おり、京浜東北線北行きの103系電車
(スカイブルー、非冷房)が停車中。ガー
ドの左側に上野駅前まで続く「アメヤ
横丁」の御徒町側入口がある。現在、
ビルは改築、改修、高層化が進んで景
観は美しくなっているが、道路の配置
は変っていない。
◎上野広小路
1970(昭和45)年8月6日
撮影：荻原二郎

**上野広小路交差点で中央通りを越えて
錦糸町駅前へ向う⑯系統の3000形**

右が上野駅方面、左が秋葉原方面。角
の村松時計店は松坂屋上野店と対角線
上にあり、現在も改築のうえ盛業中。
⑯系統の電車の後ろには㊴系統（早稲
田〜厩橋）ほかが追い付いている。都
電では団子状に電車が並ぶ（詰る）光
景がよく見られたが、正式にはダンゴ
運転は禁止されていた。子供やマニア
には人気があったが、交通事情や乗降
の多寡などでやむを得ず見られる光景
だった。
◎上野広小路
1962（昭和37）年4月30日
撮影：荻原二郎

御徒町の春日通りと昭和通りの
交差点（現・台東四丁目）を渡る
⑯系統錦糸町駅前行きの8000形

中央背後は高架の御徒町駅ホームと東
北本線〜東海道本線の連絡線。現在の
上野東京ラインだが、当時は一部特急・
臨時・団体・回送・荷物列車のほか東北、
高崎、常磐線列車の留置線としても
使用されていた。停車中の列車は常磐線
の401系中距離電車（赤電）。左右に横
切る昭和通りの都電は、㉑系統（千住四
丁目〜水天宮前）で、道幅の広い昭和通
りのうち上野駅前〜秋葉原駅東口間は
センターリザベーション（道路中心部
を植込み帯等で車道と区切った準専用
軌道）区間となっていたが、交差点では
通常の路面交差になっていた。昭和通
りの頭上には1969（昭和44）年1月に
首都高速1号上野線が開通し、道路向
い側の視界は遮られた。交差点の角地
に立地する「小西本店」は高層のビル
に改築して盛業中である。写真の電車
は大塚駅前発の御徒町折返し便で、
これから折返しポイントへ向うところだ
が、方向幕は「大塚駅」と直してある。
◎御徒町　1968（昭和43）年8月11日
撮影：荻原二郎

**東上野一丁目（旧・西町）電停付近の
商業地域を行く⑯系統錦糸町駅前行き
の3000形**

春日通りは天神下から下町区間に入る
と道路が碁盤目になり、整然とした街
区に商工業、住宅が渾然と広がる下町
の風情が続いていた。現在はオフィス
やマンションの高層ビルが並び、地下
には都営大江戸線、つくばエクスプレ
スが快走する街になっている。最寄り
駅は両線の春日通り下の新御徒町駅で
ある。

◎東上野一丁目
1970（昭和45）年11月25日
撮影：荻原二郎

**元浅草一丁目（旧・竹町）電停に停車中の⑯系統錦糸町駅前行き3000形**
御徒町、東上野から続く春日通りの下町風景の1つ。ここには写っていないが、近くの元浅草交差点は春日通りと清洲橋通り（台東区の入谷交差点〜江東区の東砂六丁目交差点）との交点になっている重要ポイントでもあった。清州橋通りの入谷交差点から春日通りの元浅草交差点、蔵前橋通りの鳥越（交）、靖国通りの東神田（交）、江戸通りの馬喰町（交）、新大橋通りの浜町中ノ橋（交）を経て清澄三丁目までの長い区間には市電（都電）の予定線を示す軌道敷の境界縁石が入っていた。関東大震災の復興計画の一部で、戦後も縁石は残存していたが、他の予定線（計画線も含む）と同様、1964東京オリンピックをはさんでの道路改修で消えてしまった。縁石は既得権確保のためだったようだが、実現していたら利便性は増していたであろうが、近接路線もあったので過剰投資となっていたかも知れない。◎元浅草一丁目　1970（昭和45）年11月25日　撮影：荻原二郎

**元浅草三丁目（旧・小島町）電停を大塚駅前に進む⑯系統の3000形**
上野、御徒町から浅草に広がる古き良き時代の面影を残した下町を走る都電の姿である。震災、戦災の2大災厄に遭遇しても江戸伝来の風情を失わずに復興を遂げた街で、現在は中・高層のビル化が進み、機能本位の街に姿を変えているものの、商店街は健在である。奥が厩橋方面。◎元浅草三丁目　1968（昭和43）年9月8日　撮影：小川峯生

**三筋二丁目（旧・三筋町）電停で客扱い中の⑯系統錦糸町駅前行きの7000形**
⑯系統の車窓からは、御徒町付近から下町商工地区の景観がずっと続いていた。写真手前側は春日通りと新堀通りとの交差点で、ここでは都電も春日通りの⑯（大塚駅前〜錦糸町駅前）、㊦（早稲田〜厩橋）と、新堀通りの㉛（三ノ輪橋〜都庁前）の交点になっていた。新堀通りはさらに北へ進むと、松が谷一丁目〜西浅草三丁目間がおなじみの「かっぱ橋道具街通り」の愛称名を持ち、昔も今も活気のある通りになっている。元々は板前、シェフなど、プロの為の街だったが、今では一般客、外人客が主流となっている。◎三筋二丁目　1970（昭和45）年11月25日　撮影：荻原二郎

**三筋二丁目（旧・三筋町）交差点を越えて大塚駅前に向う⑯系統の3000形**
⑯系統が春日通りの浅草エリアを駆け抜けるのは、元浅草一丁目（旧・竹町）〜元浅草三丁目（旧・小島町）〜三筋二丁目（旧・三筋町）〜寿三丁目（旧・桂町）〜厩橋の間で、都電が交差する三筋二丁目はその区間内の要の1つだった。撮影当時は戦後の復興が終って20余年、高度成長のさ中であったが、現在よりは遥かに戦前から続く昭和の時代の面影が残っていた。高層ビルが林立する現在の姿は想像もつかない町筋だった。◎三筋二丁目　1968（昭和43）年9月8日　撮影：小川峯生

**春日通りと江戸通りとの交点・厩橋交差点を越えて、厩橋、錦糸町駅前へ急ぐ⑯系統の3000形**
高層ビルが建ち並ぶ以前の厩橋交差点風景である。奥の5階建てビルは、1864（元治元）年創業の「町田絲店」の本社・店舗ビルで、関東大震災後の1929（昭和4）年に竣工した。同社は絹糸，人絹糸を扱う総合商社および組み紐、手芸用の糸の販売大手で、1982（昭和57）年に現在の高層ビルに改築している。春日通りの厩橋交差点と寿町三丁目の間に都営大江戸線の「蔵前」駅があるが、交差する江戸通りの都営浅草線には駅が無く、少し離れて大江戸通りの浅草橋駅寄りに同線の「蔵前」駅がある。両駅は地上乗換え（徒歩連絡）の扱いとなっている。◎厩橋交差点　1968（昭和43）年8月11日　撮影：荻原二郎

**隅田川に架る厩橋を背景に、江戸通りとの交点・厩橋電停で客扱い中の⑯系統大塚駅前行きの8000形**
高度成長の盛りの頃とはいえ、一気に街の景観が変わったわけではなく、どこか懐かしい風情を残しながら建設の槌音が鳴り響いていた。交差する江戸通りには㉒系統（南千住／浅草雷門～新橋）という下町を代表する都電幹線の1つが南千住～蔵前間は単独で通っており、利用客が多かった。この位置からは隅田川を渡る厩橋を眺めることが出来た。早稲田からここまで走ってきた㊴系統は厩橋が終点で、ここで折返していた。◎厩橋交差点　1968（昭和43）年8月11日　撮影：荻原二郎

**厩橋を渡る⑯系統大塚駅前行きの8000形**
江戸期の木橋に代る鋼製の厩橋は1893（明治26）年に開通していたが、1923（大正12）年9月の関東大震災で被災して廃止となり、帝都復興事業の1つとして2代目の厩橋が1929（昭和4）年に竣工した。3径間下路式タイドアーチという橋型で、橋上にはトラスの骨組みの姿が無く、明るく眺望のきく橋となっている。春日通りを通すための橋で、台東区の蔵前・駒形と墨田区の本所を結んでいる。橋を渡る都電は⑯系統（大塚駅前〜錦糸町駅前）単独だったが、利用客が多かった。これは現在の都バス「都02系統」（大塚駅前〜錦糸町駅前）に引継がれ、今なお運転本数の多さで知られている。
◎厩橋　1970（昭和45）年12月6日　撮影：小川峯生

**隅田川東岸の本所の街を背後に厩橋を渡って大塚駅前に向う⑯系統の3000形**
隅田川東岸沿いに高速道路の高架橋が建設される前の景観である。どこか静寂な印象があるのは本所方面に高い建物が無かったため。隅田川を越えた春日通りの沿道には下町の商工業と住宅の渾然とした市街が広がり、庶民的な雰囲気に満ちていた。なお、橋を渡ってすぐの右手にはライオン歯磨（現・ライオン）の本社、左手には凸版印刷の本所工場があったが、この位置からは全く見えなかった。◎厩橋　1968（昭和43）年8月11日　撮影：荻原二郎

**清澄通りの石原一丁目(旧・石原町一丁目)から蔵前橋通りに左折して錦糸町駅前に進む⑯系統の7000形**
⑯系統の電車は、南北を結ぶ清澄通りの石原一丁目で左折して東西を結ぶ蔵前橋通りに進む。街の様子は清澄通りとあまり変りはないが、問屋を含む商店と飲食店が多くなり、庶民的な賑わいが次第に増してくる。この蔵前橋通り(文京区湯島二丁目〜江戸川区北小岩一丁目)も関東大震災復興時に拡幅が行われた広い道路だが、都電が走っていたのは石原一丁目〜太平三丁目(1949年までは亀戸天神橋まで)のごく短い区間だった。その他の区間のうち、石原一丁目〜蔵前橋〜外神田〜湯島二丁目間には都電予定線の境界縁石が入っていたが、実現しなかった。◎石原一丁目 1970(昭和45)年1月17日 撮影:荻原二郎

⑯系統が厩橋を渡り、清澄通りに合流する地点が「本所一丁目」（旧・厩橋一丁目）交差点、大塚駅前行きの3000形が停車中

直進の道路が清澄通り（墨田区吾妻橋一丁目〜中央区勝どき六丁目）。隅田川の東岸（左岸）を川と並行して南北に結ぶ通りで、㉓系統（福神橋〜月島通八丁目）が本所吾妻橋〜月島通八丁目間（後に新佃島間）を単独で走っていた。⑯系統は1区間のみ乗入れて、次の石原一丁目から左折して蔵前橋通りを東に向っていた。撮影当時の清澄通りは関東大震災復興時に拡幅されていたので広々としていたが、沿道は戦災後の商工・住宅の建造物が並び、高層の建物は少なかった。右手商店街の奥にはライオン㈱の本社ビルがあり、写真の分岐点を右側に分岐するとすぐ厩橋である。
◎本所一丁目
1970（昭和45）年1月17日
撮影：荻原二郎

石原一丁目（旧・石原町一丁目）で、蔵前橋通りから清澄通りへ右折する⑯系統大塚駅前行きの3000形
⑯系統が本所一丁目まで1区間の間清澄通りで㉓系統と併走するスタート地点。撮影時に蔵前橋通りも清澄通りも商店街と中小企業による商工業街が続いていた。◎石原一丁目　1970（昭和45）年1月17日　撮影：荻原二郎

蔵前橋通りと四ツ目通の交点、
大平三丁目（旧・太平町三丁目）交差点を
右折する⑯系統〈大塚駅〉行き
（実際は「錦糸町駅」行き）の3000形

戦争直後まで、大塚駅前からの都電⑯系統
は、太平町三丁目（後の太平三丁目）交差点
で四ツ目通り（墨田区京島一丁目～江東区
東陽四丁目）を通り越して、0.3km東の亀戸
天神橋までを結ぶ路線だった。1949（昭和
24）年11月に線路を付替えて、⑯系統は太
平町三丁目で四ツ目通りに「右折」し、錦
糸町駅前（北口）に至る路線に変更となった。
亀戸天神橋への廃線跡は線路・敷石がその
まま昭和40年代以降も残っていて、その上
空に架線が張られてトロリーバス101系統
（今井～亀戸駅前～太平町三丁目～押上～言
問橋～浅草観音～上野公園）が通る光景が
見られた。元々四ツ目通りの押上～太平町
三丁目～錦糸町駅前（北口）間には市電（都
電）の敷設計画があり、軌道境界縁石が敷い
てあったが、太平町三丁目以南のわずかな
区間のみ実現し、残りはトロバスが代替し
ていたことになる。現在、押上～錦糸町駅
間は東京メトロ半蔵門線で1区間、所要1～
2分である。なお、写真の8000形電車の方
向幕が「大塚駅」となっていて逆走のよう
に見えるが、本来は「錦糸町駅」行きである。
早めに方向幕を帰りの行先に変えていたも
ので、この例は各所で見られた。
◎太平三丁目　1969（昭和44）年2月2日
撮影：荻原二郎

四ツ目通り路上にあった
⑯系統「錦糸町駅前」(旧・錦糸堀)の
簡素な停留場で発車待ちする
大塚駅前行きの8000形

大平町三丁目から四ツ目通りに1区間
延長して総武線錦糸町駅の北側に到達
したのが1949 (昭和24) 年11月1日の
ことだった。当時の錦糸町駅は土盛高
架線上に国電ホームと客車留置線と清
掃線、地平に貨物駅と客貨車区 (記号；
千キウ区) があり、四ツ目通りは踏切
になっていた。そのため⑯系統の線路
は南口の多数の系統と接続できなかっ
たが、総武線の高架複々線化と貨物廃
止により四ツ目通りは高架下を潜って
南北交通が可能になった。しかし⑯
系統は南側の㉘系統 (錦糸町駅前〜都
庁前)、㊱ (同〜築地) の「錦糸町駅前」
停留場とは接続しないまま、1971 (昭
和46) 年3月18日に廃止となってし
まった。
◎錦糸町駅前 (北口)
1969 (昭和44) 年3月2日
撮影：日暮昭彦

縦（東西）に伸びている都電通りの広い道は京葉道路（都内区間は墨田区両国一丁目〜江戸川区篠崎町二丁目）。右下には都電の錦糸堀車庫が見える。中央の交差点を左右に横切る道は四ツ目通り。交差点角の３階建てのビルは江東デパート（都電に併合された旧城東電気軌道のターミナル跡）。交差点の左上の白いビル群は映画館や食堂が集まる江東楽天地。昭和初期に東京の映画演劇などの興行街が関西に比べて一時代遅れていたため、阪急・東宝の総帥・小林一三が日比谷・有楽町に次いで開発した家族揃って楽しめる近代的な娯楽施設で、現在も多くの人を集めている。　左手の広場と土盛りの高架線は国鉄総武線の錦

糸町駅。国電（当時は千葉〜御茶ノ水／中野間）のほか、両国から房総方面に向う蒸機牽引の客車、貨物列車の仕立ては当駅で行っていた。そのため地上線が残り、四ツ目通りには踏切があった。撮影当時、南口の都電は錦糸町駅前（楽天地の前）には達しておらず、錦糸堀車庫前が起終点だった。北口の都電⑯系統も踏切前でストップしていた。総武線の高架複々線完成後も南北の都電は結ばれることなく廃止となった。◎1955（昭和30）年２月14日　撮影：朝日新聞社

# 都電の後継路線はLRT（軽快電車）

　欧米における路面電車の黄金時代は1910〜20年代だとされている。まだ自動車の時代に入っていなかったので、大都市では道という道に路面電車用の軌道を敷き詰めた▼よく例に引かれるのが米国のフィラデルフィア市電と、南米アルゼンチンのブエノスアイレス市電である。古地図で見ると、とにかく線路が密集していて市の輪郭も判らないほど真っ黒になっている。特に前者は元々が直線道路の碁盤目の都市だったからたまらない。市内そのものが縦横の直線の重なりと並びで真っ黒なのである。後者も同じようなものだが、道づくりにもラテン気質が表れたのか、緩みのある一角もあって幾分見やすいようだ▼後者の場合、時流に追随して線路が敷けそうな道にはすべて市電を通したのだろう。南米ラテン系の出自であるスペインやポルトガル、イタリアには、中世以来の狭い石畳の道に路面電車が走る都市が今も残る。電車の消えたブエノスアイレスの現在の市街図を見ると、広い道路の他に路地のような道も多く、そこにも電車を通したものらしい。概して合衆国の場合は区画が大ぶりで、ボストンやニューヨーク、シカゴ、ロサンゼルスなどでは過密すぎる市電時代は無かった。西欧諸国も同様で、適度な間隔を置いて都心部を貫通する線路や、循環する線路を敷設していた。そのセンスが現在のＬＲＴ（ライトレールトランジット。軽快電車）にも引継がれている▼日本はどうか。最大規模を誇った東京都電は都内の道路が不規則なため、都電の路線図もテニスのネットが緩んだような形になっていた。整然とした碁盤目になっていたのは丸の内や日比谷、銀座などの都心部と、関東大震災後の都市計画で復旧した隅田川左岸（東岸）の現・墨田区、江東区内の路線くらいのものだった。名古屋、京都、大阪、神戸の市電は、御所や城下町、または近代的な都市作りのおかげで碁盤目の判りやすい版図になって

いた。札幌、函館、仙台、岡山、広島、北九州、福岡、長崎、熊本の路面電車も都市計画によって美しい路線網が完成していた▼米国の路面電車は大型の車両がダンゴ状に都心部を走る光景で知られるようになっていたが、自動車の急激な発達で真っ先に犠牲となったのが路面電車と都市間連絡電車（インターバン）だった。日本はこの両者の愛弟子みたいなもので、路面電車は各地の市電に、インターバンは国電、大手私鉄の電車に模倣された。相性が良かったのか、我が国では今なお米国型高速電車の花盛りが続いている。本家の米国では、自動車に敗れたと悟るや一気に廃止が進み、車両や線路はクズ鉄として高値のうちに処分された▼市内電車の姿が消えたアメリカやカナダなどでは、その後釜にどっと自動車が都心部に侵入してきて、渋滞と排気ガスに悩まされることになった。欧州も同様だったが、市電は撤去せずに残してあったのが幸いして、早い時期から路面電車の見直しが行われた。ベルギーやオランダのような小さい国から始まって、ドイツ、フランスなどに広まってゆき、新しいタイプの路面電車（ＬＲＴ）に成長していった。やがてアメリカもその仲間入りをしている▼無策のまま競うように路面電車を廃止していた我が国だったが、広島、長崎、熊本、岡山などが欧州方式を取り入れて成功を収め、今は鹿児島、富山も加わって、宇都宮ではＬＲＴそのものの建設が進んでいる。東京はどうか？　実は都電の荒川線、東急の世田谷線などは、小規模ながらチンチン電車を卒業して、利用客にやさしい事実上のライトレール（軽快電車）に脱皮しているのである。その灯を消さずに、どう育てていくかがこれからの課題と言えそうだ。

# 17系統（池袋駅前〜数寄屋橋）

【担当：大塚（営）　営業キロ数：池袋駅前〜数寄屋橋間9.8km　廃止：1969（昭和44）年10月26日】

　昭和の戦前まで、池袋は都市計画は出来上っていたのだが地味な街で、池袋駅前への市電（都電）の敷設も遅れていた。やっと⑳系統（江戸川橋〜須田町）の護国寺前から分岐して池袋駅前に市電が到達したのは1939（昭和14）年4月1日のことだった。⑰系統の都電は、都市計画の実現により戦後目覚ましく発展した池袋駅前から護国寺前、大塚仲町（後の大塚三丁目）、伝通院前、春日町（後の文京区役所前）、水道橋、神保町、神田橋、新常盤橋、東京駅八重洲口、数寄屋橋（戦中まで新橋）という副都心と都心を結ぶ路線として通勤通学、ビジネスマンに重用された。⑯系統とは大塚仲町〜春日町間で重複し、池袋方の通学客の輸送には護国寺前から⑳系統の臨時便が乗入れていた。

**停留場** 1962（昭和37）年当時

池袋駅前　池袋東二丁目　日ノ出町二丁目　大塚坂下町　護国寺前　大塚仲町　大塚窪町　教育大学前　清水谷町　竹早町　同心町　伝通院前　富坂二丁目　春日町　後楽園前　水道橋　三崎町　神保町　一ツ橋　錦町河岸　神田橋　鎌倉河岸　新常盤橋　日本銀行前　呉服町　東京駅八重洲口　鍛冶橋　有楽橋　数寄屋橋

**池袋駅前停留場と折返し⑰系統数寄屋橋行きとなる7000形**
背後にある降車ホームからポイントを渡って乗車ホームに入線するところ。背後のビルは西武百貨店本店。右端にちらりと丸物東京店が見える。西武本店の窓には1970（昭和45）年に大阪・千里丘陵で開催される「日本万国博覧会」（大阪万博、エキスポ70）開催日までの日数と時間を表す時計が設置されていた。「世界の知恵で未来を築くエキスポ70」とあり、撮影時には「万国博まであと776日10時間59分」と出ていた。ちなみに大阪万博は1970年3月15日〜9月13日に開催され、日本全国、世界各国から多数の入場者を迎え入れた。東京からは新幹線、在来線、貸切バスがフル回転で「大阪へ！万博へ！」と観客を運んだ。
◎池袋駅前　1968（昭和43）年1月28日　撮影：高井薫平

戦後の復興と都市計画に基づく街づくりに邁進していた池袋だが、その途次に地下鉄丸ノ内線の工事が始まって駅前が混沌としていた時期の1枚である。駅前を横切る縦（南北）の道は明治通りで、奥が大塚・巣鴨方面、手前が目白・新宿方面。突当りは当時の映画館街と奥に飲み屋街、右手中央のビルは三和銀行池袋支店で、その左手にやがて三越池袋店を建設するための空き地が見える。都電の通る道は工事完了後にレストラン・カフェのタカセの前まで後退して、本格的な都電ターミナルが建設

**池袋駅東口　1953年**

された。Ｔ字路になっている通りは現在のグリーンロード。駅前広場とバス乗り場の工事は地下鉄関連工事と地下街の一部建設も行われたため、大掛りなものとなっていた。1954（昭和29）年１月20日に丸ノ内線の池袋〜御茶ノ水間が部分開通して、街は一気に美しくなった。池袋は平坦地が広がる地形の良さから、同じ副都心の渋谷、新宿に比べると駅も街も整然としており、人の流れもスムーズな街に育っていった。◎1953（昭和28）年６月12日　撮影：朝日新聞社

# 池袋駅周辺　1964年

国鉄山手線・赤羽線の池袋駅を中心に置いた昭和30年代初めの空撮である。中央の白いビル群が西武百貨店池袋本店、その左の工事中のビルが民衆駅（出店を条件に民間資本を導入して建設する駅ビル）として工事中の国鉄池袋駅。1958（昭和33）年3月に完成し、関西の丸物百貨店東京店が開業した（現在は池袋パルコ）。その向い側の白いビルは三越池袋店。駅から上方（東）を望むと、現在のグリーン大通りが⑰系統の都電通りとして伸びている。右側の駅に近い広場と墓地が現在の南池袋公園。周辺には4軒の寺院が集まっていた。大きなT字路の角は豊島岡女子学園中学・高等学校。木造校舎からビルに変り始めていた。その左上に広がる施設は東京拘置所で、第二次大戦の戦犯が収容され「巣鴨プリズン」と呼ばれていた。1971年3月に小菅に移転し、跡地はサンシャインシティと東池袋中央公園になっている。左上の大通り右側の樹木は著名人の墓所が多い雑司ヶ谷霊園、さらにその左上の緑が護国寺である。

再び池袋駅前に戻ると、西武百貨店の裾にあるのが西武池袋線の池袋駅。それに並ぶ国鉄の貨物ヤードには、入換えにD51形蒸機が昭和40年代初めまでよく姿を見せていた。西口側の東武東上線のホームはこの角度からは見えない。駅の下側が西口一帯で、白いビルは東急系の東横百貨店池袋店。1962年に隣接して東武百貨店が開店、1964年6月に東横は東武百貨店に売却され、大型ビルに改築時に一体化された。西口側は東口に比べると戦後風景の飲食店・飲み屋が広がっていた。駅の右下には東京学芸大学附属豊島小学校（旧豊島師範学校附属小学校）が見える。西口の盛り場が膨張したため小金井市の東京学芸大学内に移転し、1964年に廃校となった。跡地は池袋西口公園やバスターミナルになっている。
◎1957（昭和32）年9月19日
撮影：朝日新聞社

**駅前通り（現・グリーン大通り）拡張工事未完の頃の池袋駅前の都電風景**
車両はピカピカの新車だった1954（昭和29）年製の7000形1次車。大きな窓と薄緑
濃淡のカラーが新鮮だった。⑰系統は、この年の1月に池袋〜御茶ノ水間が部分開通
した地下鉄丸ノ内線と競合することになったため、大塚車庫に配置された7000形の
出番が多くなっていた。池袋駅前〜東池袋間は道路拡張工事が行われ、現在と同じ広
い道になっていたが、高い建造物がなかったので実際より広々として見えた。都電の
利用客は通勤、通学、商用、買物などで非常に多く、駅前の停留場は写真で見るよう
に降車ホーム（奥）と乗車ホーム（手前）に分けてあり、この形が廃止まで維持された。
◎池袋駅前　1954（昭和29）年3月14日　撮影：吉村光夫

**池袋駅前乗車ホームの先発⑰系統数寄屋橋行きの3000形（左）と、
後発の東池袋四丁目行きの7000形（右）**
降車ホームで客を降ろすと、乗車ホームに移動して客扱いの後、発車
していた。降車ホームは後方5差路の横断歩道と接し、電車を降りる
と乗車ホームおよび背後の横断歩道を徒歩利用して駅や繁華街に向か
っていた。駅前の商業施設、飲食店などは昭和30年代以降急速に発展し、
背の高いビルが増えていった。右に衣料品の「キンカ堂」、左奥に喫茶・
レストランの「フジキ」が見える。同店は改築して現在も盛業中。
◎池袋駅前　1967（昭和42）年11月　撮影：高井薫平

**池袋駅前で発車を待つ⑰系統伝通院前行きの8000形**
池袋駅前の都電乗り場は、山手線の都電と連絡している駅の中でも優れた立地と設計になっていた。戦後すぐに駅前通り（現・グリーン大通り）の拡張工事が開始され、駅前広場造成の際に都電の線路は駅前から少し後退して写真の位置に端頭ホーム2面2線の駅前停留場が竣工した。⑰系統単独だったので2線からはほぼ交互発着が行われていたが、改良により発車ホームの手前に降車ホームが増設されて利用しやすい設備となった。端頭部は横断歩道に面していたので通行人が多く、都電の乗降には便利だった。駅前には明治通りが横断しており、それに面して西武百貨店（左）、丸物百貨店（右。現・パルコ池袋店）が並び建ち、ターミナル駅らしい景観を見せていた。地下鉄の旧・Sマークは1954（昭和29）年1月に開通した丸ノ内線池袋駅への地下道入口階段に設置されていたもの。◎池袋駅前　1967（昭和42）年2月25日　撮影：日暮昭彦

**本格的な建設が進行した昭和30年代後半、池袋駅東口の景観と都電の駅前停留場**
広々とした駅前通り（現・グリーン大通り）が突き当たる正面が西武百貨店本店（左）と丸物百貨店（現・パルコ池袋店）（右）。
デパートの前を左右に横切っているのが明治通りで、駅前の道幅を膨らませた広場にバス、トロリーバスの乗り場が並んでい
た。この位置からは望めないが、丸物の斜め向かい側には三越池袋店もあった。都電の乗降は徒歩と地下道から可能で、見か

けより便利だった。都電乗り場の両側には和洋中の飲食店、居酒屋、喫茶店、洋品店、衣料品店、書店、用紙店などが密集し、デパートの右奥には映画館街があった。池袋の都市計画は戦前の1930年代に決定しており、道路の一部は戦中に着工、ほとんどは戦後になって東口から順次計画を実現していったもので、同じ副都心の新宿、渋谷に比べると非常に整然とした街づくりが行われた。◎池袋駅前　1962（昭和37）年1月　撮影：園田正雄

**都市計画に基づき建設が続く
池袋駅東口①**
昭和20年代後半から池袋駅東口の再開
発が進み、次第にターミナルらしい街
並みが姿を見せ始めた。右奥の地区中
のビルは後の丸物百貨店東京店。一方、
右端の木立の奥には戦後早くに開場し
た名画上映館「人生坐」の看板が見え
る。東口で真っ先に整備されていたの
は駅前道路と都電で、その乗り場を中
心に街が整っていった。都電はインフ
ラ整備の上位にあったのである。
◎池袋駅前　1957（昭和32）年10月
撮影：園田正雄

**道路が狭かった日出町二丁目電停に
停まる⑰系統池袋駅前行きの7000形**
戦後の発展が目覚ましかった池袋駅
前通り（現・グリーン大通り）だが、昭
和40年代以前は駅前から１停留場目
の東池袋一丁目（旧・池袋東一丁目←
日出町三丁目）を過ぎると道路が狭く
なり、そのまま護国寺方面に向ってい
た。沿道には中小の商店、飲食店など
が並んでいたが、現在は拡幅され、頭
上に首都高速５号池袋線が通ってい
て、都電時代の面影はない。
◎日出町二丁目
1960（昭和35）年５月
撮影：小川峯生

日出町二丁目（後の東池袋四丁目）で⑰系統と平面交差していた旧・王子電軌の㉜系統と、⑰系統の日出町操車所

池袋駅前を出た⑰系統の電車は、日出町二丁目（後の東池袋四丁目）で戦時中に東京市に統合された旧・王子電気軌道（王電）の路線との平面交差していた。旧王電線には㉜系統（荒川車庫前～早稲田）が通っていたが、線路の接続は無かった。この㉜系統と同じ旧王電引継ぎの㉗系統（三ノ輪橋～赤羽）のうち、三ノ輪橋～王子駅前間とを合せて現在の「荒川線」が誕生するのだが、都電全盛期にはまだその動きは無かった。日出町二丁目には⑰系統の操車所（正式には大塚電車営業所日出町操車所）があり、⑰系統の電車を留置したり外泊させたりしていた。これは大塚車庫が離れているため、出入庫等の合理化を図って昭和30年代に開設されたもので、構内留置線は5本あった。⑰系統廃止後は都バスの回転所になっていたが、その後廃止されている。現在、頭上には首都高速5号池袋線が通っている。◎日出町二丁目　1965（昭和40）年3月21日　撮影：日暮昭彦

**緑多き護国寺前〜大塚坂下町（後の大塚六丁目）間の坂を上って池袋駅前に向かう⑰系統の7000形**

池袋駅前までの⑰系統の路線は⑳系統（江戸川橋〜須田町）の護国寺前から1939（昭和14）年に分岐して開通したもので、戦中までは新顔系統だった。しかし戦後は逆転して乗客が激増し、⑳系統の電車が⑰系統の応援を兼ねて臨時系統として池袋駅前に顔を出すようになった。⑰系統の沿線には、大学の他に公立や私立の中学・高校が多く、特に昭和30年代以降は団塊の世代によって通学輸送が急速に膨張していたことによる。地下鉄丸ノ内線開通後も都電の利用客は多かったが、都電廃止後の現在は地下鉄丸ノ内線、有楽町線、副都心線が通勤通学客を捌いている。正面の森が徳川綱吉が建立した護国寺で、本坊の青銅葺きの屋根が美しい。裏手の墓地には山県有朋、大隈重信の墓所もある。
◎護国寺前〜大塚坂下町間　1960（昭和35）年5月3日　撮影：小川峯生

⑯系統（大塚駅前〜錦糸町駅前）、
⑰系統（池袋駅前〜数寄屋橋）、
⑳系統の要衝の1つ、大塚三丁目
（旧・大塚仲町）で発車待ちする
⑰系統池袋駅前行きの3000形

当交差点は春日通りを直進する⑯系統、不忍通りを直進する⑳系統が交差するうえに、⑰系統が春日通りから不忍通りに分岐合流するという複雑な交点になっていた。⑯と⑰は大塚車庫の担当だったので、⑰で運用する車両はこの交差点でバックして出入庫する不便さがあった。池袋駅前に近い日出町に操車所が設けられたのも、そのへんに理由があったようだ。右が護国寺、池袋方面ですぐに富士見坂を下っていく。左のクロスは⑯系統の大塚駅前方面行き、それを乗越えて直通する線路は⑳系統の神明町、上野公園方面行き。交差点の右にランドマークの1つだった「大文字ベーカリー」の店舗ビルが見える。
◎大塚三丁目（旧・大塚仲町）
1969（昭和44）年3月27日
撮影：荻原二郎

**戦災を免れた不忍通りの護国寺前〜大塚仲町（後の大塚三丁目）を下って池袋駅前に向う⑰系統の8000形**
高度成長が軌道に乗った当時の風景だが、沿道には戦前からの商家、民家が並び、古き良き時代の東京郊外部の市街地風景を残していた。この区間は⑰池袋駅前〜数寄屋橋と、⑳江戸川橋〜須田町の2系統が重複していたが、⑰の方が本数が多く、新型車両の投入率も高かった。◎大塚仲町（後の大塚三丁目）〜護国寺前間　1960（昭和35）年5月3日　撮影：小川峯生

文京区役所前（旧・春日町）で、春日通りから白山通りに右折して進む⑰系統数寄屋橋行きの8000形

春日通りを伝通院から富坂を下ってくると春日町の交差点に出る。ここは白山通りとの交点で、都電の一大ジャンクションの1つでもあった。白山通りには②系統（三田〜曙町）、⑱系統（志村坂上〜神田橋）、㉟系統（巣鴨車庫前〜田村町一丁目）が行き交い、春日通りの⑯系統（大塚駅前〜錦糸町駅前）、㊴系統（早稲田〜厩橋）は交差点を直行して本郷、上野広小路方面に進むが、⑰系統（池袋駅前〜数寄屋橋）は大ぶりな渡り線を経由して白山通りの路線に合流していた。写真は当時の文京区役所から展望したもので、手前の8000形はこれから白山通りに進む⑰系統の数寄屋橋行き。奥の3000形は春日通りを直進する⑯系統の錦糸町駅前行きである。
◎文京区役所前
1967（昭和42）年12月3日
撮影：井口悦男

白山通りの文京区役所前電停から数寄屋橋に向う⑰系統の8000形①

春日通りの文京区役所の前から、都電としては異例ともいえる長い渡り線（分岐合流のための連絡線）を経て白山通りに出てきた⑰系統の数寄屋橋行き8000形電車である。旧・春日町電停は「文京区役所前」と改められていたが、交差点の名は人口に膾炙（かいしゃ）した「春日町」の名を残し、「春日」などと改称せずに現在に至っているのは粋な計らいだったと言える。画面中央の奥上に見える看板は、撮影当時大いに売れていた「サントリーレッド」。宇津井健がグラスに注いでいる。現在、文京区役所は高層の「文京シビックセンター」となり、周辺にも高層のビルが並ぶ。白山通りの地下には都営三田線、春日通りの地下には都営大江戸線が通り、近くを東京メトロ丸ノ内線と南北線が通っている。
◎文京区役所前
撮影：荻原二郎

小石川後楽園や東京ドームの一帯は元水戸藩の藩邸だった場所で、1870～1937（明治3～昭和12）年の間は陸軍の東京砲兵工廠として銃砲の製造工場になっていた。1937年に工廠が九州小倉に移転すると、庭園の小石川後楽園を除く土地が民間に払下げとなり、後楽園球場が建設された。戦時をはさんで戦後は野球ブームで観客を集め、1949（昭和24）年には後楽園競輪場が開設され、ますます人を集めた。写真中央は後楽園球場、その右上が後楽園競輪場、その奥が小石川後楽園（庭園）である。現在の東京ドームは元競輪場跡地に建設されたもので、大工事中も球場ではプロ野球の試合が行われていた。球場の左には後楽園アイスパレス、後楽園ローラースケートリングなどが並び、競輪場も東京都が興行を中止した後は、ドーム建設までの間、

このままの広さで後楽園プールとして活用されていた。　右から周辺を見ていくと、ドーム状の屋根と線路は営団地下鉄丸ノ内線の後楽園駅。左右に伸びる直線の道路は都電の通る白山通りで、後楽園ゆうえんちの外側を左奥の水道橋駅方向に向っている。左の縦の筋は、右から都電の通る外堀通り、その左が神田川（外濠を兼ねる）、その左が中央線水道橋駅、少し上に飯田町貨物駅と国電の飯田橋駅が見える。高度成長期の真っただ中で、高層ビルこそ無かったが街には活気があふれていた。
◎1965（昭和40）年11月3日　撮影：朝日新聞社

105

**水道橋交差点の雪景色**
縦の道が白山通り。左右に横断しているのが外堀通りで、右が御茶ノ水方面、左が飯田橋方面である。手前の白山通りの電停は神田川に架る水道橋の橋上に在るため、歩道から見ると安全地帯がかなり高い位置に見えた。左角は講道館水道橋道場跡で、撮影後の1958（昭和33）年6月に「後楽園ジムナジアム」（通称：後楽園ジム）として開場し、後に「後楽園ホール」を経て現在は東京ドームシティの玄関口でレストラン、カフェなどが集まる「MEETS PORT水道橋」の巨大ビルになっている。電車は右が⑰系統の3000形2両、左が②系統の6000形。
◎水道橋　1968（昭和43）年2月20日
撮影：小川峯生

白山通りと外堀通りが交わる水道橋交差点を渡る⑰系統数寄屋橋行きの3000形

水道橋交差点は白山通りの②三田〜曙町、⑰池袋駅前〜数寄屋橋、⑱志村坂上〜神田橋、㉟巣鴨車庫前〜田村町一丁目と、外堀通りの⑬新宿駅前〜水天宮前との交点で、絶え間なく都電が往来している要衝の1つだった。右の角地は都立工芸高校、左奥に向って柔道・空手衣、剣道具の専門店や日本水道会館のビルが続いていた。外堀通りの右が御茶ノ水方面、左が飯田橋方面、画面背後が水道橋と水道橋駅である。現在は工芸高校をはじめ高層ビル化により景観は大きく変っている。
◎水道橋　1968（昭和43）年2月4日
撮影：荻原二郎

**水道橋駅を越えて白山通りの三崎町、神保町方面に向う⑰系統の3000形**
白山通りをまたぐガードは中央線で、快速の101系電車（オレンジ色）がすれ違うところ。高架線の向う側には後楽園球場が大きく広がっている。右手の白いビルは後楽園ボクシングジム。元は講道館水道橋道場だった。都電の左にあるくすんだ色のビルは1929（昭和4）年竣工の東京歯科大学の本館。水道橋のシンボル的な存在で、左側手前にあった予備校の研数学館ビルと共に親しまれていたが、1990（平成2）年に高層の新ビル（ＴＤＣビル）が完成して街の眺めも変った。
◎三崎町　1968（昭和43）年3月12日　撮影：諸河 久

**白山通りの後楽園遊園地に沿って池袋駅前に向う⑰系統の3000形**
春日町交差点から水道橋の間は、旧水戸藩上屋敷跡で、1871（明治4）年以降昭和戦前までは陸軍の兵器製造を行う砲兵工廠（後の造兵工廠）になっていた。1935（昭和10）年に九州小倉に移転後払下げが行われ、リゾート、スポーツ施設の「後楽園」が開園した。撮影当時、右手奥には後楽園球場、後楽園競輪場、後楽園スケートリンク、後楽園ジムなどがあり、白山通り沿いには「こうらくえん遊園地」が広がっていた。現在は東京ドームを主体に「東京ドームシティ」になっている。奥に見えるビルは柔道の講道館水道橋道場。その奥にはかすかに中央線の水道橋駅付近の架線鉄柱が見える。
◎後楽園前　1956（昭和31）年10月　撮影：田部井康修

**白山通りの一ツ橋電停に停車中、⑰系統数寄屋橋行きの7000形**
右のビルは「学士会館」。旧帝国大学系の出身者（学士）を主な会員とする同窓会的な組織で、ここを本部とする一般社団法人学士会が運営に当たっている。創立は1886（明治19）年。現存の旧館（写真）は1928（昭和3）年、新館は1937（昭和12）年の竣工で、2003（平成15）年に国の登録有形文化財に指定された。会員の親睦会、同窓会のほか結婚式、講演会などに使用され、一般の人も利用できる。⑰系統の都電にとっては、束の間ながら落着きのある都心部の一角を通り抜ける区間にもなっていた。
◎一ツ橋　1968（昭和43）年3月3日　撮影：日暮昭彦

白山通りの神保町電停に停車中、
⑰系統数寄屋橋行きの8000形

神保町を東西に通り抜ける靖国通りの南側には、古書店、新刊書店、和洋中の飲食店、居酒屋、珈琲店、衣料品店、事務機器、出版社などが並ぶ「神田すずらん通り」が並行していて、いつも賑わっている。この通りは靖国通りの駿河台下の三省堂書店裏からスタートして白山通りの神保町電停前まで続く。写真はその白山通り側から見た「すずらん通り」のゲートである。この通りは白山通りを横断すると「さくら通り」と名を変えて専大通りの南側、雉子橋（きじばし）通りまで続いている。神保町から一ツ橋にかけての白山通りは靖国通りに比して地味だが、沿道には岩波ホール、岩波書店、集英社、小学館、共立女子大などが並び、落着いたビル街を通って次の一ツ橋停留場に到着していた。
◎神保町　1968（昭和43）年3月3日
撮影：日暮昭彦

都電の要衝の1つ、神田橋に到着した⑰系統数寄屋橋行きの8000形

一ツ橋から錦町河岸を経て神田橋交差点に出ると、ここも都電の要衝の1つだった。神田橋は南北に通る本郷通り（北側）、日比谷通り（南側）との交差点で、⑮（高田馬場駅前〜茅場町）、㉕（西荒川〜日比谷公園）、㊲（三田〜千駄木町）は日比谷通りに右折する。神保町・一ツ橋方面からの⑰（池袋駅前〜数寄屋橋）は交差点を東に直進して新常磐橋、東京駅八重洲口方面へ去るが、②（三田〜曙町）と㉟（巣鴨車庫前〜田村町一丁目）は、日比谷通りに右折して、前記の⑮㉕㊲と合流する。また、⑱（志村坂上〜神田橋）は当交差点で折返していた。電車の奥に見える低層ビルは、戦前の東京オリンピックの計画が始動した1937（昭和12）年に建設関係の青写真でスタートした印刷の黎明社。戦後は看板に見える業種が伸びて現在は電子ファイリング、マイクロフィルム、商業印刷で盛業中。建物は黎明ビルになっている。写真の背後側は現在、首都高速環状線の神田橋出口である。
◎神田橋　1962（昭和37）年3月7日　撮影：江本廣一

**東京駅八重洲口前を背景に
鍛冶橋電停から池袋駅前に向う
⑰系統池袋駅前行きの8000形**

電停の間隔が接近していたので、八重洲口から数寄屋橋方向へ1つ目の鍛冶橋からは、呉服橋付近までが直線で見通せた。都電は外濠の淵を走っていたので、左の車道が外濠川の埋立て跡。左奥の鉄道会館（大丸東京店）の前に架っていた八重洲橋や、埋立て跡に立地する鉄鋼ビルの位置も納得がいく。⑰系統は大塚仲町、伝通院前、文京区役所前などで折返す区間運転も少なくなかったので、都心部の文京区役所前〜数寄屋橋間では若干本数が少なくなっていた。そのため、東京駅や数寄屋橋では運転間隔が開くこともあり、交通事情でダンゴになることもあった。⑰系統が単独運行する八重洲口付近では、大ターミナルの駅前としてはやや寂しい電車通りだった。
◎鍛冶橋　1960（昭和35）年5月4日
撮影：小川峯生

**空が広く見えた頃の
東京駅八重洲口前を進む
⑰系統池袋駅前行きの8000形2両**

東海道新幹線の建設工事が東京〜新大阪間の各地で進捗していた頃の東京駅八重洲口。新幹線関連の工事が進捗していたが、在来の東海道本線の黄金時代も続いていた。当時の八重洲口駅前はオフィスビルが多く、繁華街はなかった。左端のビルは鉄道会館。大丸東京店が入店していた。国電各線の沿線に「東京駅へ大丸へ」のキャッチコピーの看板を出して顧客を増やし、ライバル各社に刺激を与えていた（類似のコピーも現れた）。画面の位置は現在の高速バス乗り場一帯である。
◎東京駅八重洲口
1963（昭和38）年6月14日
撮影：荻原二郎

道路から見ていくと、中央の縦（東西）方向の広い道が八重洲通り。地下駐車場への出入り口は都電の予定線を表す「境界縁石」で区切られていた細長い土地を利用したもの。手前から1本目に横断する道は多数の都電が走る中央通りで、右手に丸善（写真）や高島屋がある。突当りが東京駅八重洲口で、大丸東京店が入っている鉄道会館は6階建てだったが、後に12階建てに増築された。八重洲口の前を横切る道が外堀通りで都電⑰系統も通っていたが、やや影が薄かった。東京駅を越えて丸ノ内側を望むと、左寄りの黒いビルが東京都庁、国鉄の高架線をはさんで斜め向い側の有楽町駅前には回転展望レストランを備えた交通会館ビ

ルが見える。東京駅の丸の内側には左から中央郵便局、丸ビル、行幸通りをはさんで新丸ビルが美しい姿を見せ、右寄りの斜め
角には国鉄本社ビル（左）と日本交通公社ビル（右）が並んでいる（現在は2つ合せて丸の内オアゾの丸の内北口ビル）。画面の
最も奥には皇居の緑が広がっており、左の日比谷濠をはさんで霞が関の官庁街のビルも広がっている。高度成長の花盛りの時
期だったが、まだ高層ビルは無く、スモッグに霞みがちながらも広い天空が望める時代だった。
◎1966（昭和41）年11月1日　撮影：朝日新聞社

**戦前からの景観を残していた頃の数寄屋橋電停に停る⑰系統池袋駅前行きの3000形**
手前左のビルが「東芝ビル」（現在は改築して「東急プラザ銀座」）。数寄屋橋交差点と外濠川を越えた対岸左側のビルが朝日新聞東京本社、その右が洋画封切の松竹ピカデリー劇場（旧・邦楽座）。⑰系統の線路は数寄屋橋交差点で晴海通りを横断してすぐの安全地帯までで、そこが⑰系統の起終点停留場だった。戦争末期の1944（昭和19）年まで線路はさらに左方向に延びていて新橋ループ線まで達していた。その区間が不要不急区間として廃止された後も、いわば折返しのために交差点の少し先に乗り場を残してあったのだが、交通事情の悪化により、1961（昭和36）年5月に⑰系統は交差点の手前で打切られ、数寄屋橋交差点は晴海通りの都電（⑧⑨⑪系統）が東西に渡るだけになっていた。◎数寄屋橋　撮影年月日不詳　撮影：吉村光夫

**数寄屋橋を発車して池袋に向う⑰系統池袋駅前行きの7000形**
手前背景の大きなビルは平和生命館。現在は改築の後、ショップとレストランの「ギンザ・グラッセ」になっている。左隣の工事中のビルは「丸の内東映会館」。戦後の新興映画会社として悲願の銀座進出を果した直営館だった。
◎数寄屋橋　撮影：小川峯生

**数寄屋橋を発車して東映会館の前を行く⑰系統池袋駅前行きの8000形**
手前の線路は1961（昭和36）年に数寄屋橋交差点手前で打切りになった後の姿。⑰系統はここで折返すようになっていた。画面右端のビルは平和生命（現・ニッセイ・ウェルス生命保険）の旧本社ビル（現本社は品川区大崎）。その後改築してショップとレストランの「ギンザ・グラッセ」になっている。左隣は1960年開場の東映会館。上映中の作品は1962（昭和37）年6月10日封切の山本周五郎原作の江戸人情噺「ちいさこべ」。監督：田坂具隆、出演者：萬屋錦之助、江利チエミ、中村嘉葎雄、桜町弘子、東　千代之介、東野英次郎、山本礼三郎、木暮実千代など。現在このビルは「丸の内TOEI①②」になっている。左に並ぶビル群は読売新聞の旧本社関連のビルで、後に改装合体して銀座プランタンが入店し、2017（平成29）年以降は「マロニエゲート銀座2」になっている。◎数寄屋橋　1962（昭和37）年6月　撮影：小川峯生

# 数寄屋橋周辺　1954年

昭和初期の関東大震災復興後から、戦後の高度成長期のスタート時点まで、おなじみとなっていた都心部の表情である。中央を流れるのは外濠川。戦後の瓦礫による埋立てが進み、画面の区間が汚れた水を湛えて最後まで残っていた。手前から見ていくと、橋は数寄屋橋、丸いビルが日本劇場、その右隣が朝日新聞東京本社、その並びが洋画封切りの松竹ピカデリー劇場。都電の走る外堀通りを追っていくと、埋立て完了地区には。東京駅八重洲口の鉄道会館（大丸東京店）が建設工事中で、同期生の鉄鋼ビルなどが見える。その左の細いホーム屋根の並びが東京駅である。再び数寄屋橋に戻って他のビルを眺めると、手前の四角いビルが東芝ビル、半円形の低層ビルが中央区立泰明小学校、東海道本線の高架を越えると、左端が有楽町電気ビル、そのまま上（北）に進むと、屋上にドームを乗せたビルが毎日新聞東京本社（ドームは戦前の東京日日新聞時代に設置していたプラネタリウムの名残）。右端を見ると内濠沿いに手前から東京會舘が見える。その奥の端正なビルが明治生命館で、右の馬場先通りに並んだ赤煉瓦の三菱一丁倫敦（ロンドン）も見えている。高層ビルなど夢のまた夢の時代ながら、街には潤いと人間の営みがみられた時代だった。

◎1954（昭和29）年9月29日
撮影：朝日新聞社

**数寄屋橋交差点手前まで後退した
⑰系統停留場に到着した
数寄屋橋行きの3000形**
⑰系統は外堀通りの土橋～数寄屋
橋間が戦中に廃止され、数寄屋橋
を渡った地点に折返しの停留場が
あったが、交通事情の悪化で1961
（昭和36）年5月に交差点手前まで
0.1㎞後退した。新停留場の沿道は
銀行と保険会社が密集していたが、
やがて東映会館やプランタンなど
が開業し、反対側も高速道路下のレ
ストラン、ショッピング街が賑わう
ようになって、起終点としては恵ま
れた立地に変っていった。
◎数寄屋橋
1964（昭和39）年12月21日
撮影：諸河 久

## COLUMN.2

# 「青山渋谷」式の方向幕

　路面電車や路線バスの行先方向幕は、「○○駅」「○○町○丁目」式の表記が標準的だと思うが、いろいろと工夫を重ねてきた途次には変ったものも幾つか登場していた▼東京にしぼってみると、高速電車では両終端駅名を示す「渋谷⇔桜木町」や、途中での分割を表す「江の島・箱根湯本」方式がよく見られた。前者は駅によってはどちら行きか判然としない欠点があったが、放送などの補助的な案内で補っていた。すっきりと「日光」「久里浜」などと記すのが一番判りやすいが、これでは物足りないという利用客もいたようだ▼都電は方向幕の制約もあり、新宿駅前を「新宿駅」、上野駅前を「上野駅」のように略式を通していた。しかし最初から「前」の付かない停留場もあって、正式に記すときに迷うこともあった。「神田明神前」「増上寺前」のように社寺には「前」を付けていたが、口頭の案内や路線図では略されることも多かった。学校名にも「前」が付いていたが、会話の際にはほとんどの人が「前抜き」で呼んでいた▼ただこれには語呂の関係もあって、「東大前」を「東大」と呼ぶのもヘンなので、素直に「東大前」と呼んでいた。私立大に至っては「○○女子大前」となっていても「前」抜きが標準的でさえあった。その土地に密着した有名校であれば、「学園前」「女子大前」だけで充分通じるのと、外来者もその名称に従って自らも使い、乗降すれば何の不安も生じない。そうなると街のネズミと田舎のネズミではないが、問題は経由地ということになる。田舎ネズミが迷うのはどのコースを採るか、なのだ▼都市交通では行先も大事だが、経由地がモノを言うことが多く、「○○経由」という文字が重視されている。大都市の路線バスでは細ごまと経由地を記したものが多いが、路面電車はどうだったか。都電の場合は方向幕が狭く、側面の経由標示にも制約があったので、一計を案じて「経由地入りの行先幕」を使っていた時期がある。たとえば「青山渋谷」といった表記である。「青山経由の渋谷（駅前）行き」の意味だが、これはすぐに理解されて、都電の名物にもなっていた。ざっと拾ってみると、「銀座三田」「新橋銀座」「上野千駄木町」「白山曙町」「人形町浜町」「浅草南千住」「砂町錦糸堀」といった方向幕である。どの道をたどって行くのか、よく解るではないか。これは落語にも登場するほど都民の間に浸透し、地方から上京した人も一続きの語呂の良い行先を楽しんでいた▼しかし失敗作もあった。都内線の都電末期に、「わせだ」という平仮名書きの方向幕が登場して論議を呼んだことがあった。これは京都市電の「ぎおん」「たかの」や、大阪市電の「あべの」などに倣ったようだが、永年「早稲田」という文字そのものに慣れ親しんできた都民の反発を買って、短期に姿を消した。その時は表意文字の漢字と、表音文字の平仮名の違いを痛感したものだ。後者は発音を示すだけでイメージが湧かないのである▼今はこのような一種の遊び心が失われている。復活するとすれば路線バス（特に都営バス）ということになるが、今のバスは近代化を遂げて、電算処理とデジタルの塊になっているから、「青山六本木」などと記しても行先とは思われないかも知れない。「青山渋谷」方式はモノクロやアナログ時代の産物だったようだ。

# 18系統（志村坂上〜神田橋）

【担当：巣鴨（営）　営業キロ数：志村坂上〜神田橋間12.3km　廃止：1967（昭和42）年9月1日】

明治末期から東京市の人口は増える一方で、郡部には工場と住宅が渾然とした新市街地が形成されていった。その1つが中山道に沿った板橋地区で、国鉄・私鉄の路線が無く、市電（都電）の延伸で急場を凌ぐ策がとられた。1913（大正2）年までに巣鴨車庫前まで来ていた市電の線路を「板橋線」として1929（昭和4）年5月に下板橋まで延長、「志村線」として1944（昭和19）年に志村坂上まで、さらに戦後の1955（昭和30）年に志村橋まで延長し、都電の郊外路線が完成した。ここを走る系統は⑱（志村坂上〜神田橋）を基幹とし、㉟（巣鴨車庫前〜田村町一丁目）と㊶（巣鴨車庫前〜志村橋）を補完系統とする特異な1本の路線が完成した。使用車両は4000、6000、7000、8000の4形式だった。

**停留場** 1962（昭和37）年当時

志村坂上・小豆沢町・蓮沼町・清水町・大和町・板橋町・仲宿・板橋区役所前・板橋本町・板橋五丁目・板橋駅前・滝野川五丁目・西巣鴨・新庚申塚・巣鴨四丁目・巣鴨車庫前・巣鴨駅前・西丸町・駕籠町・北原町・南部原町・曙町・白山上・指ヶ谷町・八千代町・小石川柳町・初音町・春日町・後楽園前・水道橋・三崎町・神保町・一ツ橋・錦町河岸・神田橋

**新庚申塚から西巣鴨へ向けて走る志村線最終運転日の⑱系統巣鴨行きの6000形**

志村線の都電が走っていた国道17号（中山道）は、南の豊島区西巣鴨三丁目までで、それより先は通称名の「白山通り」となって神田橋に向かう。⑱系統は志村坂上から神田橋までを結ぶ長い系統だったので、沿道も幾つかの区間に切ることができた。その1つ、板橋区内の沿道は古刹や昭和初期からの建造物も多かったが、活気に満ちた商業地域および住宅地が連続していた。大動脈の中山道だけに自動車の渋滞は慢性的になっていた。救済策は「都電の廃止と地下鉄の建設以外になし」という高度成長期お決まりの筋書きも一方で進行していた。写真は志村線運行最終日の模様。超満員の乗客で車内が真っ黒に見える。
◎清水町　1966（昭和41）年5月28日　撮影：小川峯生

⑱系統の起終点・志村坂上から巣鴨車庫前へ折返す6000形(左)と、志村橋から到着した巣鴨車庫前行き㊶系統の6000形(右)
写真は志村線最終運転日の1コマで、慣れ親しんできたこのような光景はこの日を限りに見られなくなった。右に到着した電車は車内が真っ黒になるほど別れを惜しむファンや乗客で溢れている。左の電車も発車時には満員になったことだろう。当時はこのような日も集まったファンや沿線の住民は静かに別れを惜しんだものだったが、1967(昭和42)年12月9日に中央通り

の銀座から都電が消えた時は大変な人出で、深夜まで興奮が収まらず街は騒然としていた。それより1年先に幕を引いた巣鴨
〜志村橋間の廃止時には、その後のトラブルを伴うような「お別れ騒動」は見られず、電車は静かに消えていった。
◎志村坂上　1966（昭和41）年5月28日　撮影：諸河 久

**志村（後の志村坂上）で発車を待つ⑱系統神田橋行きの4000形**

中山道の「志村」停留場は、戦争末期の1944（昭和19）年10月に板橋線の下板橋から志村線として延長開業したもので、鉄道路線に恵まれなかった板橋区内の通勤幹線（特に工場勤務者の輸送路線）として大きな実績を残した。「志村」は⑱系統の起終点として存在感があったが、戦後は区民の要望に応えて志村～志村橋間の延長工事が行われ（写真）、1955（昭和30）年6月10日の延長時に「志村坂上」と改称された。以後の運転系統は⑱志村坂上～巣鴨駅前～神田橋、㊶志村橋～巣鴨車庫前、㉟巣鴨車庫前～神田橋～田村町一丁目（後の西新橋一丁目）間の3本の系統が互いに補完しつつ、中山道～白山通り～日比谷通りにまたがる1本の大幹線として需給に応じた運行を続けた。◎志村（後の志村坂上）　1955（昭和30）年4月23日　撮影：江本廣一

**国道17号（中山道）の蓮沼町を志村坂上に向う⑱系統の7000形**

⑱系統は伝統を守って都電終点の志村橋へは行かず、途中の志村坂上（旧・志村）を最後まで終点としていた。軌道敷への自動車乗入れが許可になってからは、目に見えて都電の速度は落ち、クルマの渋滞に巻き込まれるようになっていた。写真は志村線最終日の模様の1つ。この電車も別れを惜しむ乗客で超満員のようだ。現在は志村坂上から中山道の下には都営三田線（西高島平〜白金高輪〜目黒）が通っており、利便性は大いに増している。その本蓮沼駅付近の泉町交差点からは旧中山道が分岐しており、沿道は本来の板橋地区の街の姿と人の暮しを残している。旧道は付かず離れずで巣鴨駅前まで並行し、最後はとげぬき地蔵で知られた「地蔵通り」の名で現・中山道（白山通り）に合流する。現在の中山道の方は、前記泉町交差点から首都高速5号池袋線の高架が路上にかぶさって見通しは重苦しくなる。途中、板橋警察署付近の板橋JCTで高速上の主は中央環状線に変るが、それも西巣鴨で明治通りの上に去っていき、中山道も「白山通」りと通称名を変えて明るい巣鴨の街に到着する。

◎蓮沼町　1966（昭和41）年5月28日　撮影：小川峯生

**志村（後の志村坂上）で発車を待つ⑱系統の6000形2両**

撮影時の志村線は、志村（後の志村坂上）が終点で、⑱系統（志村〜神田橋）のみが顔を見せていた。担当の巣鴨車庫には4000形と6000形が配置されていたが、4000形は巣鴨、大久保、柳島車庫のみの配置で、大久保庫以外では6000形と共通運用していた。外見上は両形式ウリ二つで、見分けがつきにくかった（両形式の相違は主に電気・床下機器面によるため）。板橋区内の中山道沿線は、関東大震災後の東京市域の無計画な膨張で一挙に市街地化が進んだが、空地も多かったことから大手の凸版印刷㈱をはじめとする大工場や中小工場の進出が目覚ましかった。鉄道の整備が遅れていたため、取りあえずの措置は市電（都電）の延長でまかなわれた。戦後も延長工事は続き、1955（昭和30）年6月10日に志村坂上〜志村橋間が開通した。

◎志村（後の志村坂上）　1955（昭和30）年4月23日　撮影：江本廣一

板橋の名所だった東京ガスの
円形ガスタンクを背景に、志村坂上に
向う板橋線・志村線最終運転日の
⑱系統志村坂上行きの6000形

板橋線（巣鴨車庫前～下板橋＝電停は
廃止）と志村線（下板橋＝電停は廃止～
志村橋）は、中山道地下に都営地下鉄
線（現都営三田線。当初は高島平～三
田間）を建設するため、1966（昭和41）
年5月29日（最終運行は28日）で廃止
されることとなり、このような風景は
見納めとなった。写真の背景は赤羽線
（現・埼京線）と徒歩連絡する「板橋駅
前」電停があり、赤羽線を越えると左
側にガスタンクが聳えていた。1924
（大正13）年の竣工で、場所は北区の滝
野川五丁目。深川や千住の火力製造所
から送られてきた高圧ガスを減圧・貯
蔵するための装置で、下半分の黒い部
分が圧力によって上下する仕組みだっ
た。しかし球形ガスホルダーと交代
して都内の円形タイプは昭和末期まで
に廃止された。現在、この付近は頭上
に首都高速中央環状線の王子線（板橋
JCT～飛鳥山トンネル～江北JCT）の高
架が覆っており、視界は利かなくなっ
ている。
◎板橋五丁目
1966（昭和41）年5月28日
撮影：荻原二郎

**交通量は多かったが、沿線の風物には
ゆとりがあった⑱系統沿線**

巣鴨から新庚申塚、滝野川五丁目（旧・
御代ノ台）、板橋区役所前、仲宿（旧・
板橋町八丁目）、板橋本町（旧・板橋町
十丁目）などの沿線の街は、関東大震
災前後から急速に市街地化した新興の
商工、住宅の郊外地だった。その面影
や空気は、少なくとも都電が健在だっ
た昭和40年代の頭までは色濃く沿道に
残っていた。長く高速鉄道に恵まれな
かった板橋の中山道筋は、都電が街づ
くりをしたといっても過言ではない。
都電の運行密度は高く、巣鴨へ向う電
車の行先は単に「巣鴨」と記すだけで
充分だった。「巣鴨車庫前」の省略表
記ではあったが、駅前、車庫前などの
余分な語を略しても立派に通じていた
ほど、都電は生活の一部になっていた。
画面の神田橋行き8000形の前を行く
２両は共に「巣鴨」行き。この１枚も
運転最終日の記録である。
◎板橋五丁目
1966（昭和41）年５月28日
撮影：荻原二郎

赤羽線（現・埼京線）との
乗換え停留場だった「板橋駅前」に
到着の⑱系統「巣鴨」行きの6000形

都電時代の中山道は、クルマの少ない日や時間帯によっては広々とした光景が望めた。ガスタンクはカメラの背後にあり、その手前で国鉄赤羽線（現・ＪＲ埼京線）をオーバークロスしていた。同線の板橋駅へは商店と住宅地を抜けると徒歩約５分であった。都電廃止後の現在は都営三田線の新板橋駅が同位置に開設されている。
◎板橋駅前
1966（昭和41）年５月22日
撮影：田尻弘行

「板橋駅前」に到着の
⑱系統「板橋本町」止りの6000形
都電は需給と運行調整などにより、臨時系統や区間運転を素早く柔軟に行っていた。板橋本町は中山道板橋宿の後を継ぐ要衝の１つだったので、折返し便も設定されていた。
◎板橋駅前
1966（昭和41）年３月21日
撮影：日暮昭彦

**とげぬき地蔵近く、巣鴨四丁目を巣鴨車庫へ向う⑱系統の4000形**
巣鴨駅前から1つ目が巣鴨車庫前、2つ目が巣鴨四丁目で、写真右側の大屋根が「東京都中央卸売市場豊島市場」。城北でも大きな市場である。左側の奥には巣鴨車庫前で分岐してからずっと並行している狭い道の商店街があり、都電荒川線の庚申塚踏切（写真左奥の方向）まで続いている。これが「地蔵通り商店街」で、「とげぬき地蔵」こと高岩寺の門前町である。「おばあちゃ

んの原宿」というのはマスコミの造語だが、少なくとも昭和40年代までは若い人も多く地蔵通りを訪れていた。特に4の日の縁日には老若男女でごった返し、衣料品や食品が飛ぶように売れて、飲食店も大いに繁盛していた。この旧道は板橋の中心部である清水町まで続いていて、途中にいくつかの個性的な商店街があって歩いてみると楽しい。広い道路では、なかなかそのような街は生れないようである。◎巣鴨四丁目　1965（昭和40）年３月２日　撮影：諸河 久

**中山道を走行する⑱系統と専用軌道を走る㉜系統（現・荒川線）が交差する「新庚申塚」の光景**
前の電車が志村坂上行き、奥の電車が巣鴨車庫前行きで、共に4000形である。撮影時には直進しているのが⑱系統（志村坂上
〜神田橋）、㊶系統（志村橋〜巣鴨車庫前）が走る中山道、横切っている線路が旧王子電気軌道引継ぎの㉜系統（荒川車庫前〜早

稲田）のものだった。旧王電の路線は㉗系統（三ノ輪橋〜赤羽）の王子駅前〜赤羽間を除くとすべて専用軌道だった。現在は㉗が廃止になり、全線が「荒川線」（愛称名：東京さくらトラム）となって栄えているが、中山道側の都電は1966（昭和41）年5月に廃止され、このような平面交差の風景は消えてしまった。◎新庚申塚　1966（昭和41）年5月28日　撮影：諸河 久

**巣鴨車庫内の一景、Ｚパンダ付きの6114号車が待機中**

庫内は広く、多数の車両が配置されていた（撮影時には4000形27両、6000形56両、7000形9両、8000形6両の陣容だった）。
写真の6114号車の集電器はＺ型パンタグラフ。上昇下降の操作だけでＯＫという手の掛らない集電装置だった。電車の後方
には車両を奥の留置線に送るトラバーサーの一部が見える。これで多数の電車を奥の留置線群に送り込んで横に並べていた。
◎巣鴨車庫　1958（昭和33）年11月29日　撮影：井口悦男

**巣鴨車庫前から巣鴨車庫内を瞥見する**
山手線巣鴨駅前から約180m西、中山道（白山通り）から直角に出入庫線が敷かれていた。建屋の奥は広く、配置両数の多い巣鴨車庫の車両の検修、清掃を行っていた。山手線の隣駅・駒込駅に隣接の駒込車庫と共に、国鉄の駅から至近の車庫の1つだった。都電廃止後、都バス巣鴨車庫として使用された。
◎巣鴨車庫
1966（昭和41）年3月23日
撮影：日暮昭彦

**巣鴨駅前に隣接していた「巣鴨車庫前」で並んだ⑱系統神田橋行き（右）と、板橋本町行き（左）の6000形**
山手線の巣鴨駅は掘割下にあり、中山道は都電と共に山手線、山手貨物線を橋で越えていた。橋の袂が「巣鴨駅前」の電停だったが、それよりも駅から至近で西隣の「巣鴨車庫前」の方が活気に満ちていた。車庫前の信号で電車道を渡ると、とげぬき地蔵で知られた「地蔵通り」の入口であり、駅前よりも車庫前の信号で渡る方が便利だったためでもある。車庫前の電停は始発・終着が多くて利用しやすく、乗降客、乗換え客で終日混み合った。右手が巣鴨車庫、中央奥が志村方面である。
◎巣鴨車庫前　1966（昭和41）年2月27日　撮影：江本廣一

**都電時代の巣鴨駅前の風景**
手前側で道路が盛り上がっているのは山手線を越える巣鴨橋のため。人が横断しているのは山手線巣鴨駅前の横断歩道。その奥には都電の巣鴨車庫前停留場が見える。その左手がとげぬき地蔵こと高岩寺のある「地蔵通り」の入口（旧中山道の分岐点でもある）。巣鴨は池袋以北では物価の安い活気のある盛り場となっており、昭和40年代までは若年・中年向きの店も多く、特に4の日の縁日には高齢者よりも数の上では若い世代のほうが多数押寄せていた。手前背後右側も居酒屋や小料理屋、食堂が多く、また違った賑わいを見せていた。◎巣鴨駅前　1961（昭和36）年12月23日　撮影：小川峯生

**白山上から白山下へ坂を下る⑱系統の6000形**

巣鴨駅前から白山通り（中山道。国道17号）を進むと、籠町（かごまち。後の千石一丁目）で不忍通りの⑳系統（江戸川橋〜須田町）と交差し、曙町（後の東洋大学前）を経て白山上に着く。ここは近くを並行する本郷通りの⑲系統（王子駅前〜通三丁目）と接近するため、1915（大正4）年以降、白山上と本郷肴町（後の向丘二丁目）間に0.1kmの連絡線が敷かれ、巣鴨車庫前〜万世橋間の系統も運転されていた。巣鴨車庫の「駒込分車庫」竣工の1923（大正12）年までは連絡線も重用されていたが、1937（昭和12）年の駒込車庫独立後は⑲系統の充実でここを経由する巣鴨からの系統も消え、1943（昭和18）年5月に廃止となった。連絡線撤去後の軌道敷境界縁石は昭和40年代初めまで残っていて、②⑱㉟と⑲系統の車窓から眺めることが出来た。この一帯は文教地区で、東洋大学のほか京華中・高、京華商高、京華女子中・高、村田女子中・高があり、それ以上に寺院の数が多く、近年はマンションと学生寮の数が増している。白山上を過ぎると都電⑱は白山下へ向かって急勾配の薬師坂を下る。
◎白山上　1960（昭和35）年5月3日　撮影：小川峯生

神保町交差点を出て水道橋、白山上、巣鴨駅前方面に向う⑱系統志村坂上行きの6000形
始発は神田橋。白山通りの神田神保町〜水道橋間の風景は、少数の古書店のほかにスポーツ用品、楽器店、洋服店、事務用品店、飲食店、喫茶店が多かった。一歩路地に入ると行列の出来る洋食、中華、居酒屋の人気店が散在していた。沿道には日大、中大、歯科大など大学が多く、企業も多かったので街には学生とビジネスマンがあふれていた。屋上で泳ぐ鯉幟が良き時代を表しているかのようだ。◎神保町　1960（昭和35）年5月3日　撮影：小川峯生

外堀通りと交差する水道橋交差点の白山通りを通過する⑱系統神田橋行きの6000形（右）と、⑰系統池袋駅前行きの8000形（左。方向幕は往路の「数寄屋橋」行きのままになっている）
白山上から文京区役所前、後楽園前を経てきて、水道橋交差点で外堀通りと交差する風景である。横切っている線路は外堀通りの⑬系統（新宿駅前〜水天宮前）で、単独の系統だった。交差点の右側角は都立工芸高校、奥に桜蔭学園中・高校の校舎ビルが見える。現在は白山通りの下には都営三田線が通っている。
◎水道橋　1962（昭和37）年5月2日
撮影：荻原二郎

## 神田橋方面　1958年

左下のロータリー型交差点が一ツ橋、内濠に向って直進し、濠に突き出た直線の平川橋を渡ると皇居の平川門に行き着く。平川橋の左手奥には竹橋があり、現在は毎日新聞東京本社のビルが濠に向う形で建っている。一ツ橋交差点に戻って一ツ橋河岸、錦町河岸と進むと、御茶ノ水・駿河台下から南進してきた本郷通りとの交点である神田橋（写真の左から3本目の大きな橋）に出る。本郷通りはこれより右手（南）の大手町一丁目からは日比谷通りとなって丸の内、日比谷、西新橋方面に向う。撮影当時の平川濠と外濠との間に広がる建造物は、気象庁、東京消防庁ほかだった。現在、この地域一帯は再開発が進んでおり、高層ビルが密集し、その空間を縫って首都高速道路が走り、道路下には地下鉄のネットが張り巡らされている。なお、画面の主要道路には都電が走っていたが、内堀通り（一番手前の濠端の道路）には飯田町方面から大手町まで計画路線の境界縁石が敷かれていた。しかし計画のみに終り、都電は走らなかった。

◎1958（昭和33）年8月10日
撮影：朝日新聞社

# あとがき

　都電にも系統番号とは別に路線名があって、品川線、溜池線、本郷線、上野線、砂町線などという線名を目にしたことがおありと思う。しかし、本シリーズでは特記以外使っていないのは、企画の段階で読者の年齢層などを考慮してテストしてみた結果、カットすることにしたのである。団塊の世代以降のお方に都電のイメージをお聞きすると、その全盛期には子供だったので、廃止後は年長者各位のように路線網がすっと浮んでこない、系統別に経由地を追うのが精一杯で、コマ切れの路線名をたどっていくのは至難のわざ…等々の声を頂いた。例えば本巻の⑯系統を例にとると、大塚駅前から錦糸町駅前までのコースは大塚線～富坂線～切通線～厩橋線～業平線～石原線の6線区を渡って行くのだから複雑である。以上から路線名は略した次第なのである。

2021（令和3）年7月　三好好三

## 三好好三（みよし よしぞう）

1937（昭和12）年12月、東京市世田谷区豪徳寺生れ。1950（昭和25）年9月以降は武蔵野市吉祥寺、1981（昭和56）年9月以降は小金井市に居住。国学院大学文学部卒、高校教諭を経て鉄道読み物執筆を続ける。主な著書ば『鉄道ライバル物語 関東vs関西』「昭和30年代バス黄金時代」「中央線 街と駅の120年」「中央線オレンジ色の電車今昔50年」「近鉄電車」（以上JTBパブリッシング）、「昭和の鉄道」（小学館）、「よみがえる東京 都電が走った昭和の街角」（学研パブリッシング）、「京王線・井の頭線 昭和の記憶」（彩流社）、「常磐線 1960年代～ 90年代の思い出アルバム」（アルファベータブックス）など多数。

## 【写真撮影】

井口悦男、江本廣一、小川峯生、荻原二郎、園田正雄、高井薫平、田尻弘行、田部井康修、日暮昭彦、諸河久、吉村光夫、朝日新聞社

発掘写真で訪ねる（はっくつしゃしん／たずねる）
## 都電が走った東京アルバム（とでん／とうきょう）　第4巻（15系統～18系統）

発行日……………………2021年7月30日　第1刷　　※定価はカバーに表示してあります。

著者……………………三好好三
発行人…………………高山和彦
発行所…………………株式会社フォト・パブリッシング
　　　　　　　　　　〒161-0032　東京都新宿区中落合2-12-26
　　　　　　　　　　TEL.03-6914-0121 FAX.03-5955-8101
発売元…………………株式会社メディアパル（共同出版者・流通責任者）
　　　　　　　　　　〒162-8710　東京都新宿区東五軒町6-24
　　　　　　　　　　TEL.03-5261-1171 FAX.03-3235-4645
デザイン・DTP ………柏倉栄治（装丁・本文とも）
印刷所…………………新星社西川印刷株式会社

ISBN978-4-8021-3274-9　C0026